钱巍

做 No.1
还是 ONLY ONE

+ 用 20 年匠人之道 铸企业生命之技

文萍 —— 著

成都时代出版社
CHENGDU TIMES PRESS

图书在版编目 (CIP) 数据

钱巍 : 做 No.1 还是 ONLY ONE / 文萍著 . -- 成都 : 成都时代出版社 , 2023.1

ISBN 978-7-5464-2909-0

Ⅰ.①钱… Ⅱ.①文… Ⅲ.①钱巍—传记 Ⅳ.

① K825.38

中国版本图书馆 CIP 数据核字（2021）第 212018 号

钱巍： 做 No.1 还是 ONLY ONE

QIANWEI: ZUO No.1 HAISHI ONLY ONE

文萍 / 著

出 品 人　达海
责任编辑　兰晓鋈鋈
责任校对　蒲迪
责任印制　车夫
装帧设计　Agnes Zhang

出版发行　成都时代出版社
电　　话　（028）86742352（编辑部）
　　　　　（028）86763285（市场营销部）
印　　刷　武汉市金港彩印有限公司
规　　格　142mm × 210mm
印　　张　7.125
字　　数　150 千
版　　次　2023 年 1 月第 1 版
印　　次　2023 年 1 月第 1 次印刷
书　　号　ISBN 978-7-5464-2909-0
定　　价　56.00 元

在浮躁的世界，人如何安放好自己

"没能安放好自己的人就没有道德德性。"这是思想家汉娜·阿伦特在她自传中的一句话，也是她一生的思考。在她看来，人怎么安放自己，怎样才能不变成坏人，是一个人对人生状态的选择，也是他要怎样活出生活质量的表现。

在现代社会，服从主流规则就一定是正确的选择吗？显然不一定，很多时代一个人的罪恶席卷整个社会，某些公司，某个行业的潮起潮落，也见证了一粒老鼠屎坏了一锅好汤。

所以道德的真正含义不是要求人循规蹈矩，而是让我们在社会准则和规范下独立做出合乎道德的行为，以及是非对错的判断。

今天重看这本初稿于 2018 年的文字，钱巍的一言一行依然历历在目。我被在波浪翻滚、尘嚣漫卷的时代里始终稳坐不变的钱巍所感动，他告诉我为什么做人经商要有道德准则。在无数人悲观失望的时代，他以一贯的节奏演奏前行的积极旋律。为什么他能做到？我想，你读过本书后，会和我一样深感最重要的一点就是他有独立判断的能力，他知道要什么，更知道不要什么。

这个世界上很多人从来没有想过"我不要什么"。

因为人从出生的第一声啼哭起就在想"我要什么"，每天从睁开眼还没爬起来就想"我今天要什么"，每年年尾在想"我明年的计划是什么"……而钱巍这样的人有点异类，他会先想好"我不要什么"，再想"我要做什么"。这个次序很重要。因为分清不想要的东西，可以帮助自己正视内心的欲望和愿望，也可以分清生命的本源和附生，以便拿掉累赘，目标明确，轻装前行。

阿伦特认为，始终保持"与自己相处、与自己交谈的倾向"，人就能慢慢学会独立思考。有知识的人，不一定有常识、会思考；有激情的人，不一定保有做事的纯洁和纯粹。钱巍有一张走在人群中让人无法识别的极普通的脸，但你一旦接触到他的行事为人，他灵魂的简洁干净会让你对他过目不忘。

而要达到这样的境界，并不要求有多么高深的知识，多么聪明的头脑，只要求你始终保持一种与自我对话的过程。只有常常审视思想深处那个偶尔陌生的自己，审视这个意外丛生的世界，审视身边复杂多变的人际关系，思考自己"不要什么"，选择属于自己的单纯明确的路，才能保持克制的生活、内心的和谐和人格的完整。具有这样能力的人，也许获得了在这个世上活得安稳的基本条件。

思维的质量，决定人生的质量。

思维既用于日常生活的方方面面，也用于宏大而复杂的工作。它能助你经营好人际关系，也能提高处理事务的效率，你可以是一个普通人，也可以从经营一些小事开始，如同当年从几百元生意开始的钱巍。但深刻的思维、正确的判断最终可以让小优势像滚雪球，日久见成效。

钱巍和这本书，就是告诉你这样一个道理。

祝福每一个读到这本书的人。期待你有一个像钱巍一样丰富的人生。

感谢钱巍的无私分享。

感谢我的家人。

感谢在我写作时给我最灿烂微笑和温暖关怀的师母叶淑婷，是你让我看到另一片开阔深邃的天空。

是为序。

文萍

2021 年 8 月 12 日

CONTENTS

目 录

钱巍

做 No.1
还是 ONLY ONE

+ 用 20 年匠人之道 铸企业生命之技

第一章

匠人基因，　　　进入大仓，承接日式管理的 DNA　　　004
积一生财富　　　别人的错误是我需要跨过的坎　　　012
　　　　　　　　遇见比尔·盖茨　　　025
　　　　　　　　关于规则的受益　　　034
　　　　　　　　来自家族的养分　　　041
　　　　　　　　带着匠人的 DNA 上路　　　046

第二章

匠人仁心，　　　先活下来　　　056
从感恩开始　　　慈悲从感恩开始　　　061
　　　　　　　　最坏的都想到了，就不害怕了　　　069
　　　　　　　　谢谢你让我播下种子　　　072

第三章

匠人道厚，
做对的事情

低一点：谦卑到不计成本把事情做到最好　　080

高一点：标准永远比客户要求的更高一点　　088

准一点：品控是达到高标准的重要手段　　102

实一点：真实到透明才是最有能量的土壤　　109

严一点：正确的事是不给错误 1% 的概率　　117

静一点：在各种变数中坚持做自己　　126

控一点：控制赚钱的欲望才能赚到钱　　139

深一点：深度够了，才有长度　　148

第四章

匠人之花，
纯然通透

精耕细作，逐步扩张　　156

一流客户是企业最重要的资源　　164

信任与界限　　173

进退随一　　180

嘉奖与肯定　　186

第五章

匠人之美，
积聚团队力量

好匠人重在传承　　192

我在意的是你们工作是否愉快　　200

稳定与变化　　207

那些梦想，无论一年还是一百年都是 ONLY ONE　　212

在人人都争做"No.1"的时代
他选择只做"ONLY ONE";
在一个商业环境巨变的时代,
他坚守做人经商的道德准则;
在无数人悲观失望的时代,
他以一贯的节奏演奏前行的积极旋律。
读这本书、不仅告诉我们如何经商,
更告诉我们如何做人。

第一章
匠人基因，积一生财富

⊙ 进入大仓，承接日式管理的 DNA
⊙ 别人的错误是我需要跨过的坎
⊙ 遇见比尔·盖茨
⊙ 关于规则的受益
⊙ 来自家族的养分
⊙ 带着匠人的 DNA 上路

进入大仓，承接日式管理的 DNA

1996 年，钱巍打算从工作了 6 年的上海花园饭店辞职。这个时候，钱巍已经成为这家全外资企业无数后辈的榜样，是一颗满载老板期望冉冉升起的新星。

上海花园饭店很早以前叫法国总会。提起法国总会，有人告诉你：它是法国人遗留在上海的一颗珍珠。

因为至今还有无数人对位于上海茂名南路、毗邻繁华的淮海中路，与锦江饭店隔路相望的花园饭店兴趣盎然，特别是那些对上海租界历史感兴趣，或是对上海古建筑有研究的人，它都是一个不可忽视的存在。这座米白色的二层建筑，外墙立面对称，线条流畅柔和，装饰性的山墙花和爱奥尼式柱廊，彰显法国文艺复兴时期的新古典主义风格。

整幢建筑面积为 2.8 万平方米，幽雅静谧，散发出华贵的气质，吸引了包括蒙哥马利等无数历史名人来此逗留。

法国总会的所在地本来不属于法租界。

1903 年，这里曾是德国乡村俱乐部。1918 年第一次世界大战后，德国战败，法租界公董局趁机占用德国在上海的产业，将德国乡村俱乐部改名为"凡尔登花园"。1924年，位于南昌路的法国总会重新组建后迁移至此，并成为当时法租界最主要的社交场所。

当时的法国人，大概把他们在一战中取得的胜利，以及他们引以为豪的艺术与文化投射到了远东的这幢建筑中。爱狄密勒在《上海——冒险家的乐园》曾写道："法国总会的一切都很意识化，从建筑，从装饰，并且门内的空气与门外完全不同，金碧辉煌的大厅里包裹着一种氤氲之气，灯光照射在一缕缕的烟气上，幻为奇彩，真比锦霞还要好看。一切的人，无论是老的少的、男的女的，都在鲸饮，在狼吞，在畅谈，在哗笑。人间假使有天堂的话，这里大概是了。"

即使是现在，走进法国古典式弧形门厅，沿楠木扶梯拾级而上，抬头便能看到华丽的古典彩色玻璃镶嵌的弧形花窗和船脊造型的透光天花；再穿过用木条拼接的弹格式地板走廊，只见金色马赛克铺就的墙壁豪华大气，金属扶手玲珑精致，前厅立柱是姿态优美、情态生动的女神浮雕造型，椭圆形大厅中间是特别设计的"弹簧地板"。

1949年后，这里当然收归国有。直到1984年，时代又有了一番新改变，中国已张开怀抱迎接世界。那年，来华投资的日本野村证券株式会社，一眼看中了法国总会这幢老建筑，计划投资

1.28 亿美元在此兴建饭店。

于是在 1990 年 3 月 20 日，一家由日本大仓饭店管理集团管理的花园酒店正式开业。

我们再来掰一掰日本大仓饭店牛史。

株式会社大仓饭店成立于 1958 年，1962 为迎接东京奥运会，修建了旗舰酒店——东京大仓酒店。东京大仓酒店从开始就尽显不凡——它的设计团队包括当时知名的日本建筑师谷口吉郎、小坂秀雄，版画家栋方志功以及陶艺家富本宪吉等人。为了让酒店在提供现代化服务的同时，更保有日本传统文化风韵，设计师和艺术家们真是费尽心思。开办以来，它就以 Best A.C.S.（A: Accommodation C: Cuisine S: Service，即最好的设备、最好的美食、最好的服务）为理念，使之很快成为日本最知名的酒店，与东京帝国饭店、新大谷饭店并称为饭店"御三家"。

这家被誉为日本现代主义标志性建筑的酒店，从修建至今，不少政要名人来了又去。这里的豪华套房曾接待过美国前总统尼克松、布什、奥巴马，德国、法国、瑞典、荷兰、澳大利亚、挪威、芬兰、比利时、以色列各国首脑，两任世界银行行长，联合国秘书长安南……著名演员哈里森·福特、辛迪·克劳馥，法国新浪潮女神让娜·莫罗。詹姆斯·邦德在电影《雷霆谷》里，跑到大仓酒店的 Orchid 酒吧里喝了杯鸡尾酒。连乔布斯这么挑剔的人，也把日本大仓饭店列为自己最喜欢的酒店之一。每次他到日本优

上海花园饭店

先选择的下榻地就是大仓饭店。

之所以在这本书第一章的开篇，用这么详尽的笔墨描述颇具盛名的花园酒店及它的管理者大仓饭店，是因为无论法国总会还是大仓饭店，这两家具有顶尖名气组合而成的上海花园饭店，从它诞生那一刻开始，就有着非同寻常的特质——它优雅高端、拒绝庸俗；它唯美舒适，拒绝烦琐；既让你感到宾至如归，又不会使你有压力负担。

这个地方为大学刚毕业，初次踏入人生大舞台的钱巍提供了一个高起点的平台。钱巍在毕业之后的 6 年，在这个平台里，用每天 8 小时工作的日月琐碎，为他此后几十年的人生灌入脚踏实地、认真负责、追求完美的基因，这些基因融入他的血液，成为他取之不尽的养分，深刻地影响了他的世界观和价值观，让他及他日后创办的公司能茁壮成长。

钱巍是 1992 年 7 月进入上海花园饭店的，那时他是上海交通大学的毕业生。上海花园饭店自 1990 年开业后，招收的员工跟国内的企业就不一样，他们基本不从社会上招人，第一批员工是上海旅游职业学校毕业生，1992 年则全部要求是大学毕业生，这样进入花园饭店的新人们就没有复杂的社会经验，而且起步较高。这些人经过花园饭店常规新员工的严格培训后，就有了跟其他企业普通员工完全不一样的面貌。据说，轮到钱巍这批，报名的有 130 人，但最后只招了 12 人，其中 10 人去了餐厅和客房，钱巍一个人去了销售部，还有一个复旦大学的硕士研究生去了人事部做花园饭店内部期刊的编辑。在那个人才稀缺的年代，像钱巍这样的名校大学毕业生通常会去一流企业，名牌大学的文科硕士毕业生往往直接去省一级国内外公开发行的杂志社或是省级以上出版社当编辑，可见当年花园饭店招聘的标准有多高。

钱巍记得当时是几个日本人部长带着一个翻译给他们面试。钱巍因为一直在夜校学日语，所以面试官用日语提问的时候，他有时直接用日语回答，加上也是初生牛犊不怕虎，抱着谋事在人成事在天的坦然心态，所以，当面试官问他的时候，他非常放松自如，想到什么就说什么。也许是这种放松的状态让面试官感觉他是一个很有自信的人，这让一直在一旁静静观察的市场部部长吉田先生非常满意。

收到录取通知的那一天，钱巍还挺高兴的。因为那个时候能进外企意味着有高收入高起点。当年像钱巍这等名校毕业生，放弃进机关和国企，选择一个与自己专业不相干的外企的工作岗位，也可看出改革开放初期，外企在当时社会，特别是在年轻人眼里的罕见魅力。

当时，销售部的部长吉田（那时钱巍还不认识他）问他说："你是小钱吗？你是不是说过，你想来销售部啊？"钱巍说："我好像没说过。"吉田问他："那你想来销售部吗？也就是市场部。"钱巍认真想想，觉得听起来比去餐厅和客房部好，自己好像也还有点兴趣，然后就说"好啊"。他就这样去了销售部。

进入花园饭店后，他先去宴会厅实习3个月，熟悉基层的工作，之后就去做宴会预约，最后去了市场部做销售，一做就做了4年。

1996年，钱巍用真诚、专业和用心把当时很多来中国投资、选择上海为大本营的外企、合资企业和本土最优秀的公司，发展为自己的客户。这些客户包括微软、国际金融中心、世贸国际、八佰伴、韩国国民银行、韩国中央银行、韩亚银行、韩一银行、可口可乐……

在这 4 年中，他组织和策划的大小宴会有上百场，这些宴会的级别当然不是一般的高，常常是主办者大公司邀请世界各地客户嘉宾，请来政府要人，名流穿梭，明星捧场，珠光闪烁……成功的宴会和交流会给客户带来连绵人脉和滚滚财富，这些构成了中国改革开放最繁荣的人气和景象。

在这个聚满人气、个性张扬时代，当所有人都认为钱巍在上海花园饭店将大展宏图时，他却在 1996 年 2 月提出辞职，这件事立刻在花园饭店引起不小的震动，很多人表示不解和惋惜。大家都认为正在事业上升途中的钱巍，有稳定的客户，有非常好的上下级关系，且由于名声在外，大量新客户还都奔着来找他，这些资源是他工作事业的无形资本。他在花园饭店应该前途无量，为什么要辞职呢？

他的辞职，让特别珍惜和器重他的上司难以接受。那时原来跟他关系极好的市场部经理刚刚离职，新来的顶头上司还没熟悉情况，正想依仗钱巍稳定现有的部门业绩，开拓新的业务，没想到自己刚上任，最得力的干将却要抬腿走人。于是，市场部经理每天苦口婆心地劝。

但这并没有打动钱巍。

最后时任饭店总经理的日本人清水弘一郎亲自出马，他把钱巍请到自己办公室，非常诚恳地挽留他说："小钱，你知道我们酒店就像一棵大树，有树干、树枝和树叶。秋天到了，树叶肯定会落下来,人员的流动是不可避免的。但树干是要留着的,我真的觉得你就是很重要的树干,我希望你留下来。"

据说这是上海当时最好的酒店总经理,他任职 6 年来第一次亲自挽留一个市场部的普通而优秀的销售人员。

钱巍是个心底里柔软的人,他差点被打动了。但夜深人静时,他仔细分析了自己在花园饭店的工作前景,说实话,他欣赏花园饭店真诚的待客之道,有序的工作流程,简单的工作环境,大家真诚的微笑 …… 但他同时感到被一些无法打破的工作规则禁锢着。他想有所改变,他想进步,让自己更上层楼,但是在能见的未来中似乎有些渺茫 …… 于是,他勇敢地从一种看得见的人生走入变化莫测的蔚蓝色的海水之中 ……

别人的错误是我需要跨过的坎

决定辞职的时候，钱巍还没有想好自己下一步的去向，但作为一个一向谨慎的人，他看到了未来的一种可能。

经过几年的工作，虽然他还是初入社会的牛犊，但花园饭店给钱巍提供了起点极高的平台。作为一个世界驰名的国际饭店，世界一流企业和显贵名人是它瞄准的客户，而这就注定了作为这个饭店的窗口——市场部的工作人员要打交道的人也不一般。钱巍负责外企，而恰恰这份工作让钱巍的性格大放光彩。

表面看上去，钱巍有跟他年龄不相称的稳重，二十几岁的他，冷静谨慎、心思细密。同时他还很善于察言观色，看似冷静在倾听对方说话的他，其实在别人的一言一行中已经敏锐捕捉到自己想要的东西。但同时，他没有锋芒，从来不会咄咄逼人，不会说让你不舒服的话。良好的家庭教养让他从小知人冷暖，与人为善，这种细腻、敏感跟善良的有机结合，使他在与客户交流中，常常从对方的角度出发，不论说话的方式，还是语言、语气和语调，都让人觉得舒服。

初步沟通取得的好感，为后面的工作做了良好的铺垫，但对于追求最终结果的钱巍来说，重要的不仅是开头，还要必须走好每一步。所以，他缜密而条理清晰的思考贯穿始终，最终提供给客户的方案，总是把客户想要的效果做了最完美的设计。那个时候，年轻的他就有了"尽自己最大的努力做好工作"的思想意识。

在花园饭店工作的几年里，有几件事让他印象深刻也让其他人记忆犹新，而这几件事情不仅在后来影响了他的职业选择，也影响了他未来人生的职业态度和行事原则。

1993年，他已经在花园饭店待了一年多，经过培训和实践，他基本了解了花园饭店的工作要求、规范以及做事的方法。更重要的是，他似乎感受到这个企业极高标准的背后，有着不一般的气质和美学标准。表面上看，大仓饭店在建立之初所立下的宗旨是"最好的设备、最好的美食、最好的服务"，但其实，对日本企业有所了解，甚至去过日本的人都能感觉到，这个最好绝不仅仅是个标语，它要求这个企业所有人竭尽全力，贡献每一个人的最好，要求所有的事都尽善尽美，这样才能达到整体的最好。

日本人说最好的设备，就真的会满世界寻找符合饭店风格的最好的设备，不惜成本地竭尽全力。笔者曾经在日本做过几年的记者编辑，见过这样的事数不胜数，随便举个朋友的例子都会惊到众人。我的一位日本人好友，女性，长得漂亮精致，一直是公司拿着高薪的经理。但40岁出头就辞职出来在离东京大学很近的地方租了一个门脸只有十几平方米的小店，记得那个店小到除了只容她一人转身的小厨房外，只有一张面向小厨房的长桌，能坐六七个人。但小店位置不错，在大学和地铁站中间最大的街口上。为了这个小店，朋友把她多年的积蓄拿出来，除了租金押金、简单装修，大部分的钱用于购买餐具。这些餐具精致到什么程度呢？就是每一个碗、每一个碟都不一样，都是赏心悦目的艺术品。记得当时她跟我说为买这些碗碟花了 1400 万日元，惊得我替她提心吊胆。不得了啊，我当时一个月的月工资才近 40 万日元，几年的工资不吃不喝才买得起她这些碗碟，拿在手里真怕摔了赔不起。好吧，对每一个碗碟都能要求这么高，你想她的每一道菜会做得多么精致。是的，最初她说下海创业时我为她担心好久，但开业没多久，她的小店总是一位难求，连我想去捧场都约不到位子。因为在这个世界上，真正有品位的人懂得什么是好，什么是美，什么是享受。

我住过位于东京市中心的大仓饭店，我知道它的设备就犹如我朋友当年精挑细选的那些碗碟。

最好的美食也一样。大家听过日本神户牛喝啤酒、听音乐、享受按摩的故事，听过寿司之神小野二郎为寻求一种鱼的美味，连食物的温度都精确到分秒的故事。而确立做"最好的美食"的大仓饭店也有一样的至臻追求。

这两个"最好"似乎跟身为大仓饭店市场部员工钱巍的个人工作没有直接关系，因为他的工作是市场服务，所以他直接被熏陶和培养更多的是如何提供"最好的服务"。我们见过日本人总是对着客户点头哈腰，其实这种姿态恰是表现日资企业服务的精髓——就是谦卑，无处不在的谦卑、细心、尽责。

这三个"最"构成了大仓的整体企业精神。4年的耳濡目染，不仅让年轻的钱巍对大仓严格到每一句话、每一个字、每一个举动都体现"最好"的精神深以为然，更是乐在其中，融会贯通，并化为他自己的一种精神信仰，成为之后人生用之不尽的财富。

1993年12月，钱巍所在的部门发生了一件让客户不开心的事。他们当时的一个重要客户——代理世界顶级名酒的香港施马洋酒有限公司，想在中国推广马爹利的顶级品牌金皇马爹利，于是选择在花园饭店宴请350人。施马洋酒计划邀请参加宴会的人级别很高，有当时的市委市政府领导及夫人，政府各职能部门的领导，大型企业的老总及夫人们。当然还有明星歌星捧场表演助兴，以及施马洋酒所有经销商客户。这么高级别的宴会，主办方从饭店到食物、用品、场地、时间都精心安排，细心筹措，唯恐某个细节坏了全局。

施马洋酒当时的中国区负责人叫班杰明，他非常看重这场酒会是否完美。但是要成功，它关系到很多因素，从大的方面说整个计划的制订，宴会厅、厨房、门童、停车场的协调，小的方面当然是所有工作细节，如宴会厅桌子的摆放、服务员的安排、上菜的程序、菜品的质量、现场的调控……停车场要预留多少车位？

临时出现变数有什么预案？司机会来多少人？怎么安排他们的餐食？等等。总之，这一切市场部经理都必须胸有成竹、运筹帷幄，事前想好每一个细节和任何可能发生的变化，并有相对应的预案。

菜单的安排对 350 人的宴会尤其重要，哪些菜该上，哪些菜不该上，总协调人一定要比任何人包括厨师和客户都心里清楚。因为有些时候，单独来看每一道菜的设计安排都非常好，但先后次序或者时间、场合、气氛不对就会影响效果。比如当时很流行吃烤乳猪，那么 350 人的宴会能不能上烤乳猪呢？在当时的花园饭店也就两个大师傅能做这个菜，充其量也只能烤五六只。350 人要烤 30 多只，这可能吗？想吃烤乳猪，只好让其他水准的师傅也上阵，这样菜品的质量就难以保证了。烤乳猪这种菜吃的时候温度要恰到好处，太烫不可能入口，冷了就会变硬而失去其特有的脆香。可那天就安排了这道菜，由于数量较多必须提前烤制，烤好放着就冷了，端上来的都是冷菜，所以给客人印象很不好。还有一道菜是金箔鲍鱼，这道菜必须等鲍鱼片做好了，在临上菜的前几分钟撒上金箔，当这道菜端到客人面前的时候，金箔还在飘动，有意境且非常奇妙。但那天这道菜因为量多，无法把控时间，所以菜端上来时金箔已经塌下来了，完全没有那种效果。

除此以外，还有其他一些因素也让班杰明不满意。一是当时市场部的经理答应了客户，在客人入场的通道上要做一些特别装饰，显示出施马洋酒对来宾热烈欢迎的气氛，但这其实跟花园饭店的经营原则有冲突。对花园饭店来说，住店客户的住店感受永远是放在第一位的，什么样的住店感受是大仓要提供给客户的呢？在一本他们的内部资料中，他们对酒店的客户有这样的定位："大仓饭店从一开始就定位自己的 Best A.C.S 是服务最有消费能力的客层（客户对象），那么什么是最具消费能力的客户群呢？显然是事业有成、经济富裕、教养良好，除了物资享受更多地追求精神享受的客人，这样的客人对酒店设施更看重舒适性及观赏性，这一类客人对饮食更注重品尝以满足味觉需求。这一类客人自然而然将住宿和就餐的过程当作美好时光的一刻来对待，因此他们要求最好的服务，他们渴望听到亲切的问候，看到甜美的微笑，以使自己沉浸在温馨的气氛之中，时时感到快乐。Best A.C.S 正是根据这样的客户群的需求设计出来的。"

这里已经说得非常明白，大仓饭店的客户是事业有成的、教养良好的，他们追求美食和舒服的同时更在意环境的优雅。热闹、喧嚣和环境的繁杂不能带来这种效果，简洁中有内涵、宁静中有温馨才是他们的所好，任何多余都将不被允许。

放在我们国人惯常理解的酒店，恐怕是赚钱大过一切，但对追求做百年企业的大仓来说，赚钱的方法只有一条——那就是让目标客户满意。这是大仓的经营原则，也是他们工作的宗旨，更是企业长青的生命力。如果有其他事与这个原则相冲突，哪怕这件事能带来一时的经济效益，也要放弃。

所以经理在争取这档业务的时候答应过客户的事到了酒店高层无法通过，最后给客人的解释又不能让客户接受。班杰明认为，饭店不仅菜品出了问题，承诺的事也无法兑现，所以他非常不开心，生气地说再也不会在花园饭店举办活动了。

这件事本来跟当时在花园饭店市场开发部工作的钱巍没什么关系，但这个当时在上海滩颇为出名的施马洋酒公司的老板班杰明，后来还是跟钱巍较上了劲。

这件事过去没多久，香港擎智广告公司承接了为施马洋酒的芝华士威士忌在中国大陆市场做推广的业务。擎智广告的老板是马来西亚人，叫尼古拉斯，当时他代理施马洋酒的威士忌的广告以及所有香港机场免税店的广告，并在中国推广德国汽车 MINI Coupe。尼古拉斯不知道施马洋酒之前的一款高端酒金皇马爹利，由另一家广告商代理的在花园饭店的推广宴会做砸了，也不知道班杰明对花园饭店有一肚子不满。机缘巧合他成为钱巍的客户，钱巍成功地说服他来花园饭店做一场关于芝华士在中国市场的推广首秀。尼古拉斯认可钱巍做的方案和花园饭店的硬件，于是跟钱巍签了协议，并为前期投入了 30 多万元人民币扎台子、买设备。

最后他把方案报给施马洋酒的班杰明，这遭到班杰明的极力反对。班杰明决绝地说："这场宴会不能放到上海花园饭店做，他们搞砸我们一次还不够吗？"

尼古拉斯傻眼了，放弃花园饭店就意味着 30 万元打了水漂。

那个时候的 30 万元可不是小数目！谁能不心疼？况且重新找饭店时间也来不及。

这时钱巍必须跟班杰明打交道了。

大仓饭店的企业理念有一条是"最好的服务"。钱巍对"最好的服务"的理解就是让客户满意。如果客户不满意那么任何服务都谈不上好，更不要说努力做最好的服务。可是让客户满意，和饭店的经营理念以及一些规章制度产生冲突怎么办？眼下这件事实际上就有冲突了，冲突在哪里呢？因为客户提出要在大堂的通道上放上酒会宣传的装饰，宣传品上要有他们的标识，还要在大堂的进门处放一个 MINI Coupe 的广告招牌。这些显然与大仓饭店的管理制度有冲突。之前的酒会就因为在这方面没有做好，不仅饱受班杰明诟病，也使班杰明彻底否定今后跟花园饭店的合作。

但钱巍觉得有机会挽回，他认为饭店如果一味强调和坚守条款，客户交了钱达不到想要的效果，肯定对不起客户。作为市场开发部员工，有生意也不能不做，何况钱巍觉得之前他同事的工作没有让班杰明满意，那么自己是否可以做个挽回？可是，怎么做到让客户满意，饭店也认可呢？

钱巍到饭店大堂前后走了好几遍，仔细观察来往客流和饭店整体气氛的变化，他确信：饭店的大原则不能变！饭店之所以定这样的规矩，是因为花园饭店大堂每分钟流动的气质，真的无法跟芝华士威士忌的宣传融为一体。不仅如此，亲身感受到饭店无处不在的优雅惬意、静怡温馨，使他更为认同饭店如此重视住店客人的感受，是一件多么重要而正确的事。

作为一家以服务客人赚取利润的公司，它没有把眼前利益放在首位，而是注重客人的舒适和感受、客人感官世界的愉悦和享受，期望这些感受成为他们人生美好记忆的一部分，并因此获取家人长久的信任和怀念，从而有他们的第二、第三次花园（大仓）之旅，甚至把饭店当成他们永远选择停留的驿站，这样忠诚的客户才是饭店永远盈利的根本。

试想假如在很短时间内，突然有 300 多人的宴会客人从大堂鱼贯而入，嘈杂混乱还不算，沿途还要多出那么多与酒店风格不一致的招贴画，就算赚了这单生意的钱，很可能因为这一天的不愉快，大仓将失去它的声誉和那些忠实的客户，以及未来的客户。

这是钱巍学到的第一课，它让日后的钱巍受益匪浅。

经过对酒店仔细观察及深度研究，钱巍觉得有办法解决这些问题，他找到市场开发部的部长，说 300 多人的宴会从傍晚 5 点开始，宴会宾客从大堂经过的同时要保证不影响几百名住店客人（花园饭店有 500 个房间）的居住感受，只有开放正门旁边的侧门给宴会客人专用。因为侧门直接通向宴会厅，客户可以在侧门的通道设置他们的装饰或标志、广告招贴等。这样既保证所有住店客人的住店感受不受影响，也让宴会客户觉得可以达到自己的宣传效果。那场宴会有 350 人，当时餐饮标准是每人 600 元，酒水每人150元（饭店提供，不能外带）。这些标准在当时（1994年）就非常高了，但是如果酒店能满足客人的要求（通道的产品宣传），客人愿意把宴会的餐饮标准提高到每人750元，酒水标准不变，而宴会宾客只品用本公司代理的芝华士，酒店只需为每人配一瓶矿泉水就好。从饭店利益来说，办这次宴会的利润非常可观，何乐而不为呢？

对于饭店来说，它的收益还不仅仅是宴会费用。当时尼古拉斯的这个活动，请了全国的芝华士代理商约80位，他们还需要在饭店居住。要知道花园饭店的房价在当时的上海是最高的，所以这部分的利润也非常可观。

听了钱巍的娓娓道来，酒店从总经理到市场开发部的老总都非常重视这次宴会。特别是钱巍的日本上司小川部长，马上说："我们立刻准备，让客户满意。"

就在这时，擎智广告的尼古拉斯把宴会计划汇报上去后，遭到施马洋酒老板班杰明的反对。尼古拉斯怎么也无法说服对方，苦恼的他跟钱巍诉苦。

钱巍听完之后，想了一个晚上，他对尼古拉斯说："你带我去见他吧，我试试说服他。"尼古拉斯虽然对钱巍是否能说服班杰明没有太多信心，但他只能死马当活马医，因为毕竟不能让30万元打了水漂，而且还给班杰明一种把事情办砸了的感觉。

他只好带着钱巍一起去见班杰明。见到谦卑而来的钱巍，班杰明丝毫不给他面子，他抬高嗓门一副说完话请走人的态度，非常坚决地说："我不建议，也不允许在花园饭店再搞一次我们的推广酒会。上次的烤乳猪端上来是冷的，节目的衔接和灯光也不好，外部的装饰也没有达到我们的要求。我不相信你们这次能做好。"

钱巍因为已经思考了一个晚上，也对此事的前因后果有了了解，最重要的是他有了预案，所以面对气鼓鼓的班杰明他很冷静。他详细地讲解自己的计划，以及针对上次错误的修改方案，也诚恳地说明了大仓花园饭店的经营理念和服务宗旨，特别说明饭店在服务好客人的原则上跟班杰明想做一个成功的酒会是同一目的。

也许是钱巍诚恳的态度，也许是他方案的完美周到，也许是他对细节的设计追求，或者是他针对上次的错误的改正思路，以及饭店为了品质绝不降低标准的坚持，钱巍最终打动了施马洋酒的老总班杰明。最后，他将信将疑地对钱巍说："那行，我可以再给你们一次机会，但是你们要先给我整个酒会的 3D 效果图。"

钱巍答应了，而且向他承诺："我会在这些效果图上签字，并且会让我的老板签字。"所以后来钱巍做好效果图拿去找老板小川签字的时候，小川问："为什么要我签字呢？还需要我签字吗？难道你不相信我吗？"钱巍说："不是我不相信你，这是我对客户的承诺，我们都签字可以向客户表明我们愿意负责的态度。"

为了兑现给班杰明的承诺，更重要的是为了证实自己能把这么一场高水平的活动办成功，钱巍费了很大的心思。

早上8：30，为了配合来自苏格兰的芝华士，特意邀请了风笛手在花园饭店的前草坪奏响悠扬的音乐，为吃早餐的客人开启美好的一天，不仅让那些被邀请的经销商嘉宾从一天的开始就能体会到芝华士传递的款款诚意，而且这美妙的音乐也没有影响到有可能还在睡觉的其他客人。为这个目的，钱巍没有同意尼古拉斯要求的7.00开始这场序曲，而是把时间定在绝大部分客人已经起床后的8：30。而且他事先已经试听过每一首曲子，淘汰了那些激昂的，选择了优雅舒缓的旋律，这样在住店客人早上醒来的时候，也能带给他们美妙的感受。同时他邀请酒店老总清水和市场部老总吉田一起，在酒店的中间楼层试听这些从大花园传来的音乐，从他们那里得到确认，使这些曲子最后为所有住店的客人响起，而不是仅为芝华士的活动锦上添花。

除了酒会的3D效果图和音乐的选择，还有一件事钱巍也做得非常漂亮，那就是晚宴菜单的精心安排。在定菜单的时候，他考虑过每道菜跟当晚的主角——芝华士这款酒是否搭配。因为尼古拉斯花大价钱办这场活动的目的，是推广芝华士这款酒，那么菜肴的味道是否既能衬托出芝华士的细腻和特色，又让客人能体会到花园饭店菜肴的独特之美，钱巍费尽心思。

钱巍的用心几乎带动饭店所有的人都在为这场酒会倾心倾

力，当时的总经理清水弘一郎带着管理层的人都听钱巍协调指挥，看到人手不够，他还亲自为宴会端盘子送菜。每道菜品上菜时间精确到分秒，质量无论色香味都恰到好处，客人们赞不绝口，芝华士威士忌更是把嘉宾们的情绪调动到最高，宾主尽欢，笑声赞美声满堂。

酒会当然非常成功，当时不仅尼古拉斯为之感动，连班杰明都被打动了。酒会结束后，班杰明专门找到钱巍对他说："那天我误会你了，没想到酒会办得这么成功，只是可惜了之前那个酒会比这个更高端却没有做到这么好。"

这件事情也帮到了擎智广告的尼古拉斯，假如说班杰明不同意在花园饭店做这场酒会，他投入的钱肯定是打水漂了，他也几乎不可能在很短的时间内选择另一家酒店办这个酒会，这无形中会影响他之后跟班杰明的合作。

尼古拉斯还有一个意外的收获，是他通过这件事认识了钱巍。钱巍对工作的谨慎细致，处理问题的思路、方法，以及处理危机的能力使他大为佩服。从此他交上了钱巍这个朋友，他们偶尔约着吃饭喝茶，在上海滩某个酒馆、咖啡馆坐着聊天，交流对时事、社会、生活、工作的看法，从中发现对方让自己欣赏和感动之处。这为他们之后的合作，以及钱巍未来人生的走向埋下了伏笔。

遇见比尔·盖茨

钱巍遇到了一个好时代。

20世纪80年代初中国刚刚改革开放,虽然中国大陆经济总量不到3000亿美元,但是一些有梦想有理想的人,创建了一批对后来中国经济影响巨大的好公司。海尔在1984年创立,联想成立于1984年,万科成立于1984年,华为在1987年创立……

1990年,中国大陆经济总量为3608亿美元,日本经济总量达31300亿美元。一个只有2亿人口的日本,经济规模是中国大陆的8.7倍。日本人均GDP25000美元,中国大陆人均317美元。1990年,人均GDP排在中国前一位的是尼日利亚,后一位是马里。

但是到了1992年邓小平南方谈话以后,中国加快了对外开放的步伐,相继开放了一批沿边城市、长江沿岸城市和内陆城市,设立了沿海经济开放区、三峡经济开放区……国家对这些地区实行经济开放区的有关政策,中国的经济发展展现出蓬勃生机。

这种情形让那些嗅觉灵敏的世界顶级企业看到了商机,他们纷纷进入中国，开始在上海、北京、广州等一线城市设立分公司、代理处，大量的资金通过香港开始流入中国，向尚不富裕的中国人开始推广世界顶级的产品，那些如雷贯耳的品牌都是从1990年代初陆续进入中国的，如卡地亚（Cartier）、路易威登（Louis Vuitton）、巴宝莉（Burberry）、香奈儿（Chanel）。

1993年，雅诗兰黛集团旗下的雅诗兰黛与倩碧品牌进入中国市场，并在上海设立了第一个销售柜台。之后还有雨果博斯（Hugo Boss）、迪奥（Christion Dior）、爱马仕（Hermes）、阿玛尼（Giorgio Armani）、江诗丹顿 (VersaCe Constantin)、蒂芙尼（Tiffany）等国际大牌相继在中国开店。2005年 华伦天奴 (Valentino) 来华、百达斐丽（Patek Philippe）落户上海，2006年普拉达（Prada）在北京开店……当时中国人知道或不知道的品牌都纷纷登陆了，大家被震撼，被吸引，做出改变……这种对中国的渗透和影响是多方位的，对钱巍尤其如此。

有一天，钱巍去上海国贸大厦做客户维护。他看到一家空办公室正有新的客户搬进来，那些桌牌和设备上有"Microsoft"字样。他当时并不了解这家公司，但是他知道能搬进国贸大厦的公司都是好公司和大公司。于是他回去跟老板说有一家叫Microsoft的公司搬进了国贸大厦。他的老板一听，立刻两眼发亮，他说："钱巍啊，这是一家美国公司，是世界顶级电脑公司，他们刚进上海，肯定有很多事要做，发布会、开业典礼之类的。你一定要去争取他们，看看我们能为他们做些什么。"钱巍很惊讶这家公司令老板如此感兴趣，接着他听见老板又说："我们是日资企业，Microsoft（微软）是一家美国公司，他们不一定信任我们，但是我们要去争取，你要去试一试。"钱巍说："好的。"

第二天钱巍去了，果不其然，正在忙碌的工作人员抬头说："我知道你们花园饭店，但是我们的第一选择是波特曼（现在的利兹卡尔顿），第二选择是东方文华，我们不考虑花园饭店。"这位女士接着解释，"我们第一选择波特曼，是因为波特曼在上海南京路上，是现在上海最豪华的五星级酒店，跟国贸大厦我们的办公室就隔一条马路。最重要的是这家酒店是美资背景的。第二选择东方文华，因为东方文华非常富有东方色彩。同时两家酒店都比花园饭店离公司近，这样客人入住后，如果有什么工作问题，我们可以以最快的速度去处理，非常方便。何况你们花园饭店又是日资背景，我们是不会考虑的。"

钱巍听了以后，说实话觉得能够理解他们的想法，因为一个有强烈美国烙印的公司，凭什么到一个日资饭店来搞活动和住宿呢？而且花园饭店从距离上讲确实没有优势。但年轻气盛的钱巍不愿意轻易放弃，他觉得可以争取一下。于是他说："请你给我10分钟的时间，我介绍一下花园饭店的特色和我们能为你们做什么。"

钱巍不紧不慢地说："第一，花园饭店不仅是日本人的饭店，它也是一个国际化的酒店。第二，这家饭店在上海最具历史文化特色，而且这种特色是欧洲浪漫的古典主义风格，其人文意义和历史意义是波特曼和文华无法企及的。第三，花园饭店是市中心唯一在前面有一个很大的花园草坪的酒店，可以给你们做活动提供众多的想象空间。它以前是法国俱乐部，包括中国的毛泽东、美国的尼克松等历史著名人物都在这里住过，它有非常吸引人的故事。所以我们不应该看它的管理者是谁，而是要看这家酒店能给客人提供怎样的服务和怎样的感受。我可以毫不谦虚地说，在酒店管理、服务细节等方面，花园饭店丝毫不输给美资、新加坡资本的酒店，甚至比它们更好，这是我亲身经历的体会。"

然后钱巍还跟他们说了自己过往做过的成功案例，而且这些多数都是欧美企业，如拜耳、葛兰素史克、可口可乐、默沙东制药，还有荷兰银行、法国巴黎银行、花旗银行、瑞士银行……他坚信这些案例会给自己加分。毕竟酒店是个硬件，作为具体为你服务的人，他的经验和成功的案例才是非常重要的软件。所以钱巍一方面感谢酒店给了自己成长的平台，另一方面也对自己几年来在酒店的工作经验和底气非常有信心。最后钱巍说："波特曼离我们酒店不过 5 分钟。你不妨来看一下，我坚信它是一家非常值得你去看看的酒店，你可以看完再做选择。"

钱巍说完就走了。

一个星期后，这位陈女士来了电话，说："我正好路过附近，我想去看一看你们饭店。"

钱巍非常高兴地说："好的，我陪你走走。"

钱巍陪着她漫步典雅的大堂、堂皇富丽的百花厅、富有传统风格的西餐厅、巨大的前草坪……

看完以后她觉得印象不错，回去以后就跟她的顶头上司汇报了，结果就是东方文华首先被排除掉了，剩下波特曼和花园饭店，二选一。

钱巍继续做工作。他说波特曼虽然很新很豪华，但大厅除了方正、宽大、隔断可以移动外，没有太多特色。而花园饭店的百花厅却非常独特、有名，更有氛围。位于饭店 2 楼东侧的百花厅，曾被誉为"远东第一舞厅"，它是花园饭店历史建筑中的精华。其最大魅力是大厅中央由上千块彩色玻璃镶拼而成的顶灯，为挪亚方舟造型。当灯光透过彩色玻璃照射下来，对应地板上挪亚方舟的椭圆地毯显得非常神秘奢华。四周的浮雕装饰以及落地大窗、剧院式包厢都彰显非凡的古典气质。整个宴会厅万紫千红，氤氲缭绕。而罕见的超过 7 米的层高，更令整个大厅气宇非凡。

建好以后，百花厅一直是历代达官贵人举办酒会、宴会、舞会的地方，每一块地板、每一道屏风、每一张桌子的背后，都留下许多故事。所以，钱巍很自信地说："来百花厅举办酒会，一定会让来宾印象深刻，因为这个宴会厅横跨百年、易主几代的建筑特色和历史积淀，使它洋溢着神秘高贵、无与伦比的气势，是

花园饭店百花厅

别的任何酒店无法比拟的。"

钱巍带她参观中餐厅、西餐厅、中厨房、西厨房、西点房……还带她看了一些辅助的宴会厅,包括康乃馨厅——毛泽东曾在这里接见过尼克松。比起一些新建的酒店,这里应该更吸引人。

钱巍用他的经验和诚意打动了她。

最后,钱巍争取到了微软在中国上海办事处的启动仪式和酒会。

钱巍的收获不仅是这张酒会的订单,他还见到了名字如雷贯耳的比尔·盖茨。

我们来看看微软在中国的大事记,就可以想象钱巍见证了怎样一个伟大的时代。1992年,微软在北京设立办事处,为Windows95中文版发布奠定基础,从此中国人使用电脑进入一个与世界同步的时代。1995年微软中国有限公司正式成立,1996年微软上海分公司和广州办事处成立。1996年,比尔·盖茨第一次来到中国最商业化的城市——上海。这是他第四次访华,也就是这一次,钱巍有幸见到他并亲自感受到他的气息,感受了他的魅力。

伟大的人总有些不同于常人之处。这次上海公司的开业庆典,比尔·盖茨亲临上海。这件连上海人都为之骄傲的事,但微软中国在花园饭店为比尔·盖茨订的却是豪华套房,这让饭店从老板到员工都难以理解。

花园饭店的套房包括普通套房、豪华套房、花园套房、皇家套房和总统套房。照理说，比尔·盖茨来肯定是要总统套房，因为其他国际大公司开业都这么安排。可他们公司为比尔·盖茨订的只是豪华套房，就是比普通套房稍微好一点，两个标间组成。而给当时微软公司的第一任中国总裁杜家滨先生订的却是皇家套房。

这对有着严格等级管理的日本公司老总来说，当然很难理解这件事，于是一方面为了表达内心对比尔·盖茨的尊重，另一方面也担心是酒店方安排不周，当时花园饭店的总经理就跟钱巍说："钱先生，你去和客户沟通一下，我们很乐意给比尔·盖茨先生免费升级到总统套房。"

钱巍去找微软的工作人员，正好比尔·盖茨在场。旁边的工作人员就做了介绍。钱巍诚恳地对比尔·盖茨说："比尔·盖茨先生，你好。我们的老总为了表达对你的欢迎和敬意，想为你把房间免费升级到总统套房。"

比尔·盖茨饶有趣味地看看钱巍的胸牌，半开玩笑地说："钱先生，我其实是个白手起家的人，大学都没念完呢。"他接着又说："我不是一个看重面子的人，我来出席会议就是做个开场白，吃个饭。具体事情都是他们在做，所以我用不着这么大的房间，我觉得住你们的豪华套房就够了。但杜先生是中国的首席代表，这次活动主要是他负责，包括见各种重要的合作伙伴，以及还要招聘很多人，所以他是需要的。我们是按照需要来订房，不是按照级别来订房。请转告你们总经理，谢谢你们。"

他还补充说："这不是钱的问题，如果需要住这个房间，我可以自己付钱。"

钱巍微笑着退场了，但一转身他觉得自己做了一件很冒犯的事。

因为第一，他看到世界首富对金钱的态度；第二，他看到一个伟大公司的老板如何对待自己的员工；第三，他看到什么是平等和尊重。

当然还有个钱巍至今惦记的小揣摩：是不是自己那天去找比尔·盖茨谈这件事，提出给他免费升级，让这位伟大的商人感到了一种屈辱呢？

钱巍后来明白，对于一个创办了世界顶级公司的人来说，境界和胸怀，以及踏实做事才是首要的。同时通过这件事，他还学到对什么人，该说怎样的话，对比尔·盖茨这样的人，千万不要跟他说免费升级，他们需要的是一个恰如其分的服务，任何花哨的东西都没有意义。

关于规则的受益

在花园饭店工作的这4年，钱巍觉得自己学到的东西很多。

刚开始他就发现花园饭店跟当时与它齐名的波特曼酒店、锦江饭店等五星级酒店很不一样。花园饭店基本没有什么娱乐设施，要知道在1990年代初，中国非常流行Disco舞厅、交际舞舞厅和卡拉OK，这些从日本等地向中国本土传播的娱乐方式一进中国大陆，便一夜间席卷整个960万平方公里大地。当时无论大都市还是小城市，或是农村的晒谷坪，都会有一台音响让港台日本流行音乐响起，有人形容"有路的地方就能听到邓丽君的声音，有人的地方就有人放声高歌"。而五星级酒店的歌舞厅，是当时荷尔蒙膨胀的中国人选择去的高级场所之一，对这些场所的经营方来说娱乐设施是他们躺着数钱的方式之一。

中国在被禁锢了几十年后，当境外娱乐在中国允许开放时，大家都认为是一种时髦和高尚，当时锦江饭店的迪斯科舞厅碧丽宫在大上海非常有名。而花园饭店的百花厅本来就是老上海驰名中外的豪华舞厅，可是大仓饭店在建设这个饭店的时候，无论中方如何劝说日方保留舞厅功能，都被他们婉拒了。因为日方认为舞厅以及卡拉 OK 这样的娱乐设施，必然招来很多年轻人，年轻人喜欢喧哗，而喧哗正是花园饭店的顾客群想远离的，所以哪怕它会带来一时的利润，日方也不会因此妥协。

还有另外一件事也可以说明大仓的与众不同。从纪录上海花园饭店建设全过程的一本内部资料我们了解到，在设计阶段中日双方争论的另一个焦点是，要不要设计屋顶餐厅、观光电梯和自动扶梯。以前，中国难得看到玻璃幕墙、旋转餐厅和观光电梯，所以当时的中国有关部门把这些设施看成最摩登时尚的酒店必配，坚决要求大仓在楼顶建餐厅。因为已经在很多事情上不妥协，日本大仓主管方担心拒绝太多会影响合作，因此在这件事上做了让步。

但是这个妥协是在保证跟公司经营原则不冲突之上而为之，这就意味着在饭店的设计建设上要付出更多的人力物力。按照大仓饭店的风格，重要的客人总是安排在高层总统套房。住在顶层的重要客人，最重视的是安静与安全，因此安排在最上面是合理的，这样电梯设计一般人基本上不去。但一旦有了屋顶餐厅，餐饮的客人就会越过贵宾层，这对重要客人来说是不安全的。另外有餐厅必有厨房，做饭菜的操作会发出声响，无法保证安静。这是大仓起初非常反对在最高层设计旋转餐厅的原因，但中方坚持，他们既然选择部分妥协，那就尽可能两全其美。

最后的方案是把 33 楼欧陆餐厅与 31 楼总统套房之间的 32

楼整层安排为宴会厅，但是 32 楼没有厨房，所有的菜肴直接从 33 楼的厨房做好以后送下来，这样 33 楼和 32 楼之间没有送菜的升降机，噪声就可以避免。同时他们在 32 楼与 31 楼之间还设有层高约 1 米的隔音层，在电梯设计上，也为 31 楼的贵宾层做了特别设计。这样修改设计，额外投入资金改造的结果是，保证了住店客人的感受和大仓一贯引以为傲的品质。

这种一切唯客人的感受为上的经营理念，深入饭店客人看得到和看不到的所有角落。比如有一次钱巍看到餐饮部部长带着几个人在餐厅砸盘子。这是一次宴会过后，餐饮部的洗碗工把所有用过的盘子洗好，然后部长带着人一个个仔细检查这些盘子。他们是在把有刮痕裂痕的盘子挑选出来，选出来的盘子上的刮痕甚至肉眼都很难看见，但这些盘子会被立刻砸掉，扔进垃圾桶。花园饭店的厨房有一个很大的金属垃圾桶，这个垃圾桶就是专门用来收纳那些砸掉的盘子的。

每当这个时候，一些洗碗工看见那么多漂亮的盘子被砸掉，真是心疼不已。他们经常说："部长，能不能不要砸这些盘子？你看它们还那么好，如果酒店不要，可不可以给我们带回去？"

部长说："这是不可以的，首先这些东西是属于公司的财产。公司的财产，不管它是好是坏都不允许私人带回去，但是允许砸掉。其次，砸掉这些盘子，不是我们浪费，恰恰是我们要达到我们的标准。作为一家在国际上享有盛誉的五星级酒店，我们使用的每一件东西都有标准——大仓饭店的标准。来店里住的客人也好，吃饭的客人也好，来这里就是为了享受我们五星级酒店的服务。所以大到在我们饭店睡觉用的被子、房间的电器、酒店的设施，小到一张纸一根牙签一个盘子，甚至我们的微笑和言语，我们都是有标准的。这标准就是我们作为世界顶级酒店的准则，所有这些东西都必须符合这个准则。一个有刮痕的盘子显然不符合我们的标准了，那我们还能用吗？肯定不能用。这对不起付钱给我们的客人，也有损酒店的声誉，所以这一点请你们务必牢记。"

虽然部长这番话是对洗碗工说的，但是对当时在场的钱巍真的震撼很大，他牢牢记住了每一句话，明白了严守标准对一个企业的生存是一件非常重要的事情。

在一些很细小的事情上，钱巍看到了关乎人生的非常深刻的道理。

他经历过类似的事还很多。还有酒店会给每个住宿的VIP客人送一瓶很贵的红酒，这瓶酒会在客人入住前放在房间里。不管你喝了或者没喝，或者根本就没有启瓶，那么客人走后，都会由当班经理带着服务员把酒处理掉（也就是说需要两个人在场见证）。也许看起来这是一件很浪费的事，但事情总有两面，有些时候只能两害相权取其轻。因为这瓶酒如果不处理掉会有很大的风险，试想一下它的几种结果。第一，可能被得到这瓶酒的人喝掉。这是不可以的，因为这瓶酒已经属于这个刚刚离店的客人了。

第二，又有 VIP 客人来了，是否可以给他？这当然也是不行的，因为你的利润已经有了，新来的客人既然是 VIP 级别，酒店就应该再给客人一瓶新酒。第三种结果则是非常严重的，因为这关乎人身安全。一瓶曾经属于别人的酒，它有一段时间处于不在酒店的专职人员管理的范围内，它的安全性是得不到保障的。这瓶不受监控的酒，会不会被别有用心的人用针孔注射器注入不明物质甚至是有毒物质呢？假如有这种情况发生，后果则不堪设想——一瓶酒会毁掉一家百年老店。这种得不偿失、风险极大的事，酒店不会做。

钱巍亲历这些事得到的经验是：规规矩矩按原则和条例做事，不贪小便宜，也不能放松和忽略，否则后果严重。中国有句古话"千里之堤，溃于蚁穴"，意思是一个小小的蚂蚁洞，可以使千里长堤溃决，讲的就是小事不慎将酿成大祸的道理。

四年中，花园饭店的规则及做法对钱巍的影响是全方位的，它们一天天一点点渗透他的人生，成为他思维的细胞。这些细胞成为他的营养，对他后来的为人处世，特别是公司的管理经营，起到极为直接、积极的作用。他常常感叹，一开始，你在什么公司工作，你受什么影响，真的会成为你的基因。

因为工作需要，他常常穿梭于其他一些五星级酒店和国际公司，也常常会跟他的客户约谈聊天，他很享受这种看似轻松、漫无边际的闲聊，从他们那里钱巍了解到一个让他惊讶的事实，看似生活在一个平行世界的自己和他们，其实完全生活在不同的世界里。中国本土之外那个世界的蓬勃发展，无论社会形态、经济状态，人的思维模式、生活方式，还是生活细节都是他无法想象的。从他们那里，他知道什么叫市场经济，什么是私人公司，什么叫国际公司，什么叫竞争，什么是产品，什么是销售，什么是服务……了解他们的体制和思维、工资水平和消费水平，特别是大公司的全球性布局带给人们生活的巨大改变。从他们那里，他知道他和他的伙伴之前对标准的设立是多么肤浅，因为在井底看到的天空只是一个角落，而真正的标准是站立在地球之巅横扫全球的视野。

聊天、思考，回到家甚至睡不着，他常常被这些人和事激荡，真正感觉青春蓬勃的生命力正期待绽放。

有一次他去波特曼酒店，酒店的大堂挂着一块牌子，上面写着："走进这里的，一定是最棒的！"当时他站在这块牌子下心潮澎湃，他知道现在走进这里的自己绝不是最棒的，但从那一刻起，他想做最棒的自己。

这句话对他影响深远，之后他用这句话重新思考人生、选择职业、确定工作目标。当他在工作和生活中遇到挫折和困难的时候，他也常常用这句话勉励自己。后来他创建自己的公司，他用这句话激励他的员工、善待他的员工，让他们理解他的标准。在他的眼里，无论公司或个人，要成就一份事业，先要有眼界，你的眼界决定你的行为标准，而你的标准有多高则决定你能飞多高。

所以，他希望每一个走进公司大门的人都能打开自己看世界的眼睛，都有能看到行业最好的机会，从而跟他一样，有自信做到"走进这里的你，一定是最棒的"。

花园饭店的工作经历和平台，虽然给他提供了很高的起点。但他从工作和人生中学到的，并不仅仅来自花园饭店。同样的事，发生在张三或李四身上，结果不一样。钱巍说，你是否有一颗敏锐进取的心，你是否能分辨美善和糟粕，你是否记着这些美善并使之成为将来行事做人的参考，取决的东西很多，其中重要一条，家庭环境和教育养成的悟性和敏锐，构成了你是否具有如饥似渴的吸收能力、淋漓尽致的表现能力。

来自家族的养分

钱巍来自一个知识分子家庭，就他所知，他的父系家族至少往前数五代都是老师。

他的爸爸妈妈都是江苏人，他的父亲于1960年考入清华大学水利电力专业，母亲是清华无线电专业的学生，都是那个时代的佼佼者。当年，他父亲是常州钱黄中学应届高中毕业生中两个考上清华的学生之一，至今他仍然是这所省重点高中的荣耀。

跟所有当时的年轻人一样，他的父母在大学毕业后响应政府的号召去建设大西北，他们双双到了甘肃。在那里他们把青春和热血献给国家的建设。小小的钱巍，出生后就被他的父母送到了常州的爷爷奶奶家。

钱巍的家族在江淮一带，这个家族出过非常多的名人。

钱家望族是由一千多年前五代时期的吴越王——钱镠开创的。钱镠出身贫寒，却从小酷爱读书，兼习武经。17岁阅兵法，文韬武略，才智过人，著述颇丰。他当时在封地大力修建水利工程，并立下家训"子孙虽愚，诗书须读"。钱氏子孙一直秉承这样的家学渊源。

钱镠在临终前，曾向子孙提出了 10 条要求，被后世称作《武肃王遗训》。家训规定，"家富提携宗族，置义塾与公田，岁饥赈济亲朋，筹仁浆与义粟"。从宋代开始，钱氏家族就形成了族内相互扶携的风气。为了让族中的贫困子弟有书可读，各地的钱家都设立义田、义庄、祭田，即家族中富裕人家拿出一部分田亩，扶持家族中孤儿寡母的日常生活和学业。钱氏家族直到民国时期还有这种义田制。正因为如此，这种早期的"教育基金"模式，保证了钱氏子孙无论贫富，都有受教育的机会。钱镠祖孙三代，五位国君，将江南发展得富庶无比。

钱镠之后，钱家便分散到江浙各地，钱镠的 33 个儿子在各自领地开枝散叶，繁衍后代，历朝历代皆有俊杰，众多状元，无数进士。宋明以后特别是明清时代，钱家涌现出无数的政治家、文学家和著名学者，如宋代的钱昆、钱易，明代的钱士开、钱谦益，清代的钱大开、钱名世、钱曾、钱砧、钱鲁斯等。到了近代，钱家出现了人才"井喷"现象，诸如：钱穆、钱钟书、钱玄同、钱正英、钱学森、钱伟长、钱三强、钱复、钱其琛，等等。据统计，当代国内外仅科学院院士以上的钱氏名人就有一百多位，分布于世界 50 多个国家。

钱巍家族也是如此，一家长辈几乎不是老师就是各行业的知识分子。而钱巍的爸爸直接继承远祖钱镠的事业，经过清华四年水利电力工程的学习，一辈子就没再离开过这个行业。

钱巍的父母对儿子的教育遵循先辈古训。

第一，"子孙虽愚，诗书须读"。所以，首要事，钱巍必须好好读书。钱巍的爸爸妈妈工作很忙，他的妈妈是在临产前20天才回到无锡娘家备产的。生下他之后半个月，妈妈把他送到奶妈家。钱巍刚一满月，他妈妈就赶回甘肃上班，把他留给外公外婆和奶妈。所以他是从小吃别人的奶长大的。

一岁后他被挪到爷爷奶奶家，直到上幼儿园，他才第一次回到父母身边。到上小学时，钱巍的爸妈因为工作常常出差，在野外的时间多，没法照顾他，于是他又被送回爷爷家。

爷爷是老师，从小对他的学习抓得很严，放学不可以出去玩，必须先回家看书、做作业。这些作业包括学校老师布置的和爷爷安排的。他记得，孩童时代，除了跟小朋友在野地里各种追逐、奔跑、游戏之外，就是跟着爷爷一起读书。爷爷给他读的书很多是家族祖传，但那些艰涩的文字被爷爷改编成各种通俗易懂的故事，又经过爷爷绘声绘色的讲解，他觉得十分有趣。至今为止他还清楚地记得爷爷跟他讲家族祖辈们发奋读书的故事，这些故事让幼小的他觉得好好读书是件天经地义的事，就像他每天吃饭一样，成为他的日常。

到了四年级，他回到父母家，就读兰州大学附属小学、中学。虽然钱巍在整个童年时期辗转于常州和兰州，但他们家族好学的基因，以及爷爷对他的言传身教，奠定了他崇尚学问的秉性，也使他养成了谨慎思考的个性。

他读高中时父母终于调回上海，他也随之回到上海读书，并在那里考上上海交大。

第二，"欲造优美之家庭，须立良好之规则。勤俭为本，自必丰亨，忠厚传家，乃能长久"。这是钱家关于持家之道的古训。

无论钱巍的爷爷还是他父母对他从小就要求特别严，不可以浪费东西是他记得最清楚的规定。就说关于吃饭，在他家如果第一天菜没吃完，第二天一定要把剩菜吃完，才能吃新鲜的菜。还有，第一次筷子夹菜夹住什么吃什么，不可以在盘子里挑菜。他记忆中在跟父母一起吃的第一餐饭时，父母就跟他说："凡是到了你碗里的饭，必须全部吃完，一粒不剩。"所以他从小就不挑食，因为知道自己碗里的东西必须吃完。养成了习惯，到现在一般情况下他在外吃饭，点菜不会超过大家的食量，一大桌菜吃不完就走这类事，在他这绝不会发生。偶尔碗里的东西多了，哪怕吃撑，他也会把它吃进去。这无关便宜还是贵，节俭不小气，这是家族教会他的。

第三，"持躬不可不谨严，临财不可不廉价"。做事有原则，这是他记住的父母教给他的第三个原则。钱巍的父亲于1990年调回上海，担任水利部太湖流域管理局的副局长，太湖流域管理局是水利部在太湖流域、钱塘江流域和浙江省、福建省（韩江流域除外）范围内的派出机构，代表水利部行使所在流域内的主要职责，是具有行政职能的事业单位。直到 1995 年，他的父亲退休，无论是在兰州工作时期，还是在上海，无论是手上管着几百万还是十几亿资金，廉洁为公、坚持原则是父亲为钱巍做的榜样。

钱巍记得他爸爸在上海工作期间，手上曾经管过一个世界银行的贷款项目。这个项目总投资 18 亿人民币。好几家银行来找他的爸爸，希望老头子能够把这笔钱放在自家银行，许诺在利息上给单位高一点并给他个人好处，但都被他的爸爸坚决拒绝了。他爸爸说："你们做这些事情不要考虑到我个人，我不会拿你们任何东西。如果谁再说要许诺给我个人什么好处，那么我跟单位说这个钱还是不要存在你们银行的好。"跟过他爸多年的司机，在很多年后跟钱巍提到此事，还是感叹不已。

带着匠人的 DNA 上路

就这样，钱巍在花园饭店如鱼得水，他把酒店多年精炼而成的管理经验跟家族的优质养分有机融合，化为自己的 DNA，同时用他的努力敬业回馈酒店。钱巍已经把当时上海滩不少知名的外资、合资、中资企业都发展成自己的客户，花园饭店的老板们也把钱巍看成公司这棵大树上不可缺少的枝干。

人和世界有时是一种奇妙的关系，如果把人比作一条鱼，它生活的环境原来是一个小鱼缸，随着这只小鱼长大，主人要不停地给它换鱼缸。哪怕这个鱼缸非常漂亮非常精美，但随着它长大，鱼缸已不再适合它，这时，宽阔的江河会呼唤它，汹涌的大海也会呼唤它，唤起鱼内心的渴望，使它变成一只有理想的鱼。钱巍听到了这种呼唤，他知道，他的未来，不在鱼缸里。

1995 年的上海虽然已经开始改革开放，但满大街看到的仍然是单调朴素的颜色。在这个被今天的中国人称为魔都的地方，它有着 20 世纪 30 年代闻名世界的时尚基因，所以当世界一流品牌的市场开拓者，这些国际资本巨头们一踏上这块土地，他们犀利的眼睛立刻从那些单调中偶尔露出的色彩，捕捉到他们需要的信息——这里将是整个 960 万平方公里超过 10 亿人的时尚市场先端，这里将孕育一个未来不可预测的巨大市场。而广告是这个市场开路者插下的标志，或者说是点燃人们消费欲望的一把火。

时间倒回 1994 年，跟钱巍合作在花园饭店举办宴会取得巨大成功的、香港擎智广告公司老总尼古拉斯，决定正式在上海设立办事处。他以每月 7000 元人民币的工资邀请钱巍担任擎智上海的首席代表，钱巍当时在花园饭店的工资是每月 1500 元。每月 7000 元对当时的中国人来说是一笔巨款，钱巍会心动吗？

钱巍并不是一个容易为钱冲动做决定的人。他先冷静地分析了一下自己的所长：他觉得自己大学毕业后一直在花园饭店做市场。如果这个时候有一家四星级或五星级的酒店，邀请他去做市场部或者酒店其他部门的总经理，他认为自己完全能够胜任，也是非常合适的，但现在邀请他去的是一家广告公司。他之前并没有涉及过任何与广告方面相关的工作，包括自己在大学所学的专业也与之相距甚远，而且自己也不是一个在设计上有才能和天赋的人。

为了慎重起见，他去征求了自己当时的顶头上司、市场部经理刘埠的意见。刘埠后来也离开花园饭店，在上海公关管理界做得非常成功，至今还常在电视上活跃。当时刘埠对他说："小钱啊，你要考虑，你的性格去广告公司是不是合适？而且你看这家公司主要是做烟酒，你既不抽烟也不喝酒，一旦你作为一家专做烟酒广告公司的负责人，那你必须亲力亲为地去找市场做推广，深入市场中跟有关的各种人吃饭喝酒，从中了解到市场的需求和对产品的评价，这样才能够真正地交到朋友并且找到客户。小钱，你不仅不会喝酒抽烟，还不喜欢参与这种热闹的场面，你觉得你合适吗？最好慎重一点。"

钱巍认真想想，觉得仅仅从要陪人喝酒抽烟这一点来说，自己就不那么合适了，于是他拒绝了尼古拉斯的邀请。

但是钱巍跟尼古拉斯成了朋友，他们偶尔会相约一起吃饭喝茶。

同时期，其他认识钱巍的国际企业的老总也给钱巍伸出过橄榄枝，邀请钱巍加盟，但钱巍一直在犹豫。

1996 年的一天，尼古拉斯又邀钱巍吃饭，同时还带来一个钱巍不认识的人。尼古拉斯介绍说，这是他们擎智上海的老总，还开玩笑说："你看，你不来，就把位置让给了他。"

在这些时不时的见面饭局中，尼古拉斯常常说一些打动人心的话，有一次他很认真地说："钱巍，其实现在我们上海公司的业务是全方位的，我们也做化妆品、日用品。你有没有兴趣来我的公司做客户经理呢？虽然有老总排在你前面，但这是你的老本行。"

那时候钱巍在花园饭店已经做了 4 年了，他确实感觉到眼下的工作缺乏挑战性，所有的客户都很熟了，业务也很熟了，一切都太熟悉了。他觉得自己对工作渐渐失去了激情，加上原来也思考过日资企业对自己未来发展空间的有限性。还有一个比较重要的理由，就是他当时已经有稳定的女朋友，每个月的约会使他觉得花园饭店给他的工资不够用了。

他觉得是时候给自己一个新的开始了。

思考几天后，他答应尼古拉斯，说自己愿意加入擎智广告。

放着擎智上海的老总不做，钱巍甘做一个部门经理，在别人看来他有点亏了。但钱巍一点也不觉得，而且他非常坦荡，完全不纠结，他甚至主动跟尼古拉斯提出："以前你让我来，每月给我 7000 元。现在呢，我因为做的是客户经理，我觉得自己拿7000 元不合适，你就给我 4000 元吧。"

钱巍有点傻气，因为凭他跟尼古拉斯的交情和尼古拉斯对他能力的认可，以及以前尼古拉斯给过他的承诺，他有非常大的可能性仍然每月拿到 7000 元。但他选择主动降低自己的工资，无疑更加得体聪明。因为这不仅表现出他对现在老总的尊敬，也让既是朋友更是老板的尼古拉斯不那么为难。最重要的是，钱巍觉得凡事要从积极的角度看问题，每月 4000 元的收入已经比在花园饭店的工资高多了，这应该是件值得高兴的事啊！何况新的工作给自己的未来有很多发展空间。

这就是钱巍，时刻保持对自己的清醒认识，不奢望、不贪心、不纠结，希望自己能够心安理得没有压力地一步一步把工作做好，等到自己真的做得足够好，自然会有相应的报酬。

决定下来之后，钱巍跟花园饭店提出了辞职。正如我们前文所说，他的辞职遇到很大的阻力，从上到下都劝他留下，老总劝他说："你对我们公司、对我们客户很重要。"同事对他说："你做得那么好，老板那么喜欢你，你去别的地方要完全重新开始，没必要吧。"请想一想，在当时，一个人的客户包括世界最大电脑公司微软、世界制药巨头默沙东、饮料消费第一品牌可口可乐、瑞典阿特拉斯、科普柯中国公司，韩国最权威的银行韩国国民银行，日本的上海世贸大厦、八佰伴等等外资巨头，他的离开对谁的损失最大？

再说说他跟这些客户的关系。以他跟韩国国民银行关系为例，韩国国民银行的行长会说韩语、英语、日语，但是不会说中文。钱巍会说中文和日语，但日文并没有达到想说什么就能够尽兴表达的程度。可是当他和韩国国民银行行长交流的时候，似乎语言并没有成为他们沟通的障碍。经过几次接触，行长对钱巍的工作思路、细节追求，以及严谨冷静的工作态度非常欣赏。当然钱巍的执行力也无可挑剔，几次活动做下来，银行上下众口称赞，认为钱巍非常出色。作为行长也非常有面子，于是以后类似的工作他不仅都委托给钱巍，也把钱巍推荐给很多外资银行和公司。

钱巍要离去，当然对花园饭店的影响巨大，至少有三方面：

1. 最直接是失去钱巍这样难得的人才。这样的人不仅工作能力强，工作出色，最重要的是他对花园饭店品牌理念有着深刻的领会和认同，并将其作为自己的行为准则。这样的人才在社会上并不能轻易找到，否则怎么还有那么多成功的老板，在谈到企业的生命力的时候，永远都在强调企业最重要的是人！

2. 花园饭店有可能失去钱巍手上的客户。有些客户因为钱巍的优质服务，他们跟钱巍个人建立了非常可靠的信任关系，虽然背后依托的是花园饭店这块牌了，但每个品牌的声誉都是靠像钱巍这样一个个努力工作的人，一次次认真工作，然后一步步建立的。谁能保证继任者也有这样的水准呢？

3. 对于一个公司来说，如果一个重要岗位的人突然离职，还会打乱整个单位或部门的工作节奏，要重新恢复高效顺畅的工作节奏，少说也要几个月吧。

所以，花园饭店总经理亲自出马，苦口婆心恳请钱巍留下。

钱巍的心被触动了。他是一个心肠柔软的人，那几天，他的眼前像放电影一样，把这几年在花园饭店的工作中，自己和同事那些精彩又温暖的片段重新放了一遍。说实话，他心里充满感恩，他觉得上帝是厚爱自己的。一毕业，在对社会并没有深入了解，也没有后台和靠山的前提下，他通过自己的努力，进到一个无论管理或是职业训练都非常棒的世界级公司。

在这个公司里，他没有走弯路，而是以谦卑的心，像一块海绵一样不停地学习吸收。终于，他觉得那些常常感动自己的部分，自己慢慢把握住了，可以作为一个完全的人进入社会闯荡了。

他又是一个特别冷静对待自己的人，他再一次分析自己的处境和对未来工作生活的设想，得出的结论是：花园饭店虽然是一个非常好的工作平台，但它毕竟是一家酒店，既然是酒店，它的工作内容就有单调和固定的局限。现在这个地方刺激自己要学的新东西已经很少了，接下去就是按部就班、兢兢业业地把每一天的事做好，然后按照日本公司年功序列的提拔方法，一步一步地往上走。可是在日资企业，对他而言，他能走的只有一步——市场开发部的经理。对于一个20多岁的年轻人，他觉得人生还需要更多丰富新鲜的内容。

思考之后，他还是坚决要走。

知道钱巍想离开花园饭店后，他的很多客户都向他发出邀请。诸如世界最大制药公司之一的默沙东、一家瑞典跟中国合资的压缩机公司，但钱巍没有选择去。他认为，虽然这些公司平台比他选择的擎智广告要大，工资可能更高，其他的福利条件也许更好，但当时的他还面临两个特殊情况：他的父亲得了淋巴癌正在接受治疗，他需要陪伴父亲做一个好儿子；他和女朋友感情很好，他也需要做个负责任的男朋友，他不可能去外地工作。还有一个原因就是他跟擎智广告的尼古拉斯已经建立了非常信任的关系。在他看来，互相理解，互相珍惜，是做好工作很重要的前提，如果去了擎智广告，至少他不需要花时间跟老板经营关系了。

　　就这样，吸收了足够的养分，钱巍把自己这枝备受花园饭店珍爱的树干插在了新的土壤里。

第二章：
匠人仁心，从感恩开始

⊙ 先活下来
⊙ 慈悲从感恩开始
⊙ 最坏的都想到了，就不害怕了
⊙ 谢谢你让我播下种子

先活下来

在那段时间，钱巍其实有过彷徨和一些铭心刻骨的思考。有一天，他在医院，陪着留院治疗的父亲，一边说着闲话，一边想着是不是要把从花园饭店辞职的事儿告诉父亲。最初，他并不想说这件事，因为被癌症折磨日益消瘦的父亲正在爬人生中最艰难的那座大山。从医生委婉的言语中，他知道父亲剩下的日子不多，那么他还应该给父亲添忧吗？父母曾经是清华的老大学生，毕业后被分配在西北工作，他们经历了中国漫长的艰难时候，性格早已如同西北那广漠而坚韧的土地一般，克制、忍耐、宽容和坚韧。他们懂得安身立命，更知晓如何努力改变命运，因为一个普通知识分子家庭的孩子，除了读好书，做对事，在中国，他几乎没有其他途径能让自己与众不同。

虽然他从来没有不切实际的幻想，但他却有脚踏实地的理想——那就是谦卑认真地对待手上每一件工作，持续不断地学习，以及抓住命运给自己的每一次机会。

作为被花园饭店重视的树干，钱巍觉得自己现在面临的机会比风险大。因为时代给了他比他父亲更好的机会，新的工作除了要他投入智慧、精力和时间，并不需要他投入太多金钱。一个二十几岁的年轻人，他现在唯一富裕的是时间，在现阶段，人生即使错了几步，他还有试错的成本。

不过，以自然界的规律，一枝离开大树、没有根系的树干，要嫁接到别的树上且活下来是不容易的，就像做了手术的人体，生命的能量和结构被破坏了，是否能恢复，除了看自身的生命力是否足够强外，还要看新树的养分是否适合自己。而那些熬过切困难，最终活下来的树干都有着比过去更强的生命力。

树是这样，人也是这样。尽管前人说过："树挪死，人挪活。"但人生很多时候，当自断后路，重新起步，都得九死一生脱掉几层皮，才能看见新生活的曙光。

作为一枝离开了花园饭店的树干，钱巍把自己插在了擎致广告这棵树上，对这棵树的未来，他的信心多过担忧，甚至他并不想让那些还没发生的事影响自己前行的脚步，因为他最大的信心来自自己要接上去的这棵树，它长在大上海这个中国经济蓬勃发展最肥沃的土地上。

任何事情开始看起来总是不错的。

进入擎致广告的钱巍计划大干一番，因为他觉得要对得起每月拿的 4000 元工资。另一方面，花园饭店 4 年的工作已经培养了钱巍敏锐的商业触觉、精细的个性化服务和严谨清晰的计划性。

所以当他进入新公司后不久，听老板尼古拉斯在公司会上说："现在可口可乐公司在中国的业务越来越大，如果我们能够跟他们建立工作关系就好了。"钱巍没表态，但他很快就去找可口可乐公司了。

钱巍是想为自己在新公司的工作有一个惊艳的开头，还在花园饭店工作的时候，可口可乐公司就已经是他的客户了，所以他觉得这是天赐良机。

他去找了可口可乐公司，把他现在的工作以及他能做什么，跟可口可乐负责广告的人说了。对方之前就跟钱巍有过合作，他们对钱巍的人品和工作方法是了解的，经过交流，他们同意合作。

钱巍跟可口可乐公司说，希望拿到他们公司包括可口可乐、雪碧、芬达、醒目所有产品在中国20个分装中心的包装广告代理，即在市面上所看到的所有的瓶、罐、箱的包装和广告设计、印刷代理。

钱巍的胃口很大，而且给他们的报价并不便宜，如果说包装制作的一般标准是200元，那他报的可能是500元。他会这样跟可口可乐公司解释：他所有的成本，包括设计、制图、印刷以及人工只有200元，另外的300元是他能提供的如花园饭店一般的五星级服务。

对于可口可乐这样的国际大公司来说，包装是产品给人的第一印象，也是最直观的印象，他们要达到的效果，就像人的形象给他人的第一印象，第一眼就让人信任、舒服、亲切。因此印刷质量一直是他们最为看重的地方。再说，他们选择经销商的标准也远不是中国人理解的物美价廉。如果他们面前摆着 ABC 三家公司竞争出价，A 公司的出价最高，但按照他们事先的评估，A 公司的出品能够达到他们标准的 99% 甚至更高，B 公司给他报的价格居中，但是它的出品预计达到他们要求标准的 80%，而 C 公司报的价格最低，但他们的产品的完美程度可能只有 60%，那么可口可乐公司会毫不犹豫地选择 A 公司。因为尽管它的广告设计和包装印刷的费用高一点，但却最有可能把风险降到最低。哪怕多花点钱，甚至成本高一倍，他们也要买五星级服务。

钱巍还在花园饭店的时候，从微软的那次工作开始，他的工作方法就不会死缠烂打围着客户不厌其烦地说啊说，最后客户不是避之不及，就是实在烦了答应算了。钱巍的做法是每次在说自己的计划之前，他会经过周全的考虑，把自己能做的不能做的，全部跟对方说清楚，然后就静待回音。这次跟可口可乐公司接洽时，他也是如此，他把所有的话都说清楚了，把自己的计划方案甚至每一个细节都告诉对方，然后把选择权留给了对方。

几次接触之后，他得到了回音，他如愿以偿地拿到了可口可乐所有产品的包装设计。当他把这个消息告诉公司时，全公司都震动了，因为仅仅可口可乐这一张单子，就占到了擎智广告当时全年业务的 50%。公司上下都觉得钱巍太了不起了，他的同事们都说："这个新来的人真有本事。"

钱巍后来还为擎智广告带来了美国杜邦安睡宝、华高针织有限公司、汤臣集团这些公司的业务，他们有的是钱巍在花园饭店的客户，有的是钱巍进入擎智广告后发展的新客户。总之在擎智工作的第一年，他兢兢业业对待工作和他的客户，无论态度还是工作的质量，他都保持着花园酒店的五星级标准，难能可贵的是，一年中，对他工作的投诉率是零。

慈悲从感恩开始

假如钱巍的路就这样走下去，以他的能力，也许不久的将来他会做到擎智上海的老总。或者擎智广告借中国改革开放的东风，再借国际顶级品牌越来越迅猛地走进中国消费者家庭的西风，它会越做越大，在全国各地铺开，壮大成集团公司，钱巍的前景也会越来越广阔。我们不知道，因为这样的事儿没有出现。

时间进入 1997 年，钱巍在 1996 年辞职时所想象的美好未来还没有出现，生活就又一次拐了弯儿，他遇到了前所未有的困难。

人的有限性使人没有智慧可以预知未来，只能在经历中成长，在困境中坚强，这大概就是人生。美好的事物似乎不会永驻我们的生活，就像巨大的灾难来临前也不会事先预报一样，这一切构成了这个世界的多变与复杂。

在这样的大环境中，人和树一样，哪怕它是一棵再强壮不过的树，哪怕它具有非常好的基因，以及知道自己如何努力，当被插进 片陌生的土地，土壤的养分如何，主人对它的心意如何，它是幸运还是不够幸运，都有可能决定它的存活率。若它还想成长为一棵栋梁之材，能够庇护一方水土，则需要在历经磨难之后悟清一些道理。

钱巍遇到的是 90 年代席卷全球的金融风暴。

这场金融风波其实早在 1992 年就已经开始，因德国在那年的 6 月 16 号将其贴现率提高至 8.75%，结果马克汇率上升，从而引发欧洲汇率机制长达一年的混乱，英镑和意大利里拉被迫退出欧洲汇率机制。

接着墨西哥于 1994 年 12 月 20 日，突然宣布比索对美元波动汇率扩大到 15%，到 1995 年，比索贬值 30%，引发剧烈的金融危机。

1997 年 7 月 2 日，泰国宣布放弃固定汇率制，正式引燃一场遍及东南亚的金融风暴。在泰铢波动的影响下，菲律宾比索、印尼盾、马来西亚令吉相继成为国际炒家的攻击对象。这些国家的经济结构根本无法抵御这场攻击。随后风暴波及中国香港、韩国和日本。风暴掠过的国家和地区的外汇市场、股票市场惨不忍睹，以 1998 年 3 月底与 1997 年 7 月初的汇率比较，各国股市都缩水三分之一以上。各国货币对美元的汇率受打击最大的是泰铢、韩元、印尼盾和马来西亚令吉，分别贬值 39%、36%、72% 和 40%。

危机导致大批企业、金融机构相继破产和倒闭。例如，泰国和印尼分别关闭了 56 家和 17 家金融机构，韩国排名居前的 20 家企业集团中已有 4 家破产，日本则有包括山一证券在内的多家全国性金融机构出现大量亏损和破产倒闭，信用等级普遍下降。泰国发生危机一年后，破产停业的公司、企业超过万家，失业人数达 270 万，印尼失业人数达 2000 万。资本大量外逃，据估计，印尼、马来西亚、韩国、泰国和菲律宾私人资本净流入由 1996 年的 938 亿美元转为 1998 年的净流出 246 亿美元，仅私人资本一项的资金逆转就超过 1000 亿美元。

此危机迫使除了港币之外的所有东南亚主要货币在短期内急剧贬值，东南亚各国货币体系和股市崩溃，投资者损失惨重，纷纷预计停损，由此引发了大批外资撤逃和国内通货膨胀的巨大压力。亚洲各国经济遭受严重打击，经济衰退、失业率上升，人民生活受到严重影响，社会动荡和政局不稳，一些国家也因此陷入长期混乱。

马来西亚在亚洲金融危机后，经济发展开始缓慢。

擎智广告的老板尼古拉斯是马来西亚人，马来西亚当时的首相马哈迪在痛斥外汇投机客的同时，也拒绝当时的副首相安华和国际货币基金组织的"药方"，没有对货币和马来西亚令吉进行管制。马币大幅贬值，许多做外贸的企业，特别是用美金结算的企业都遭受严重损失，有些甚至直接关门。尼古拉斯在马来西亚的母公司也不例外，他的资金链断了。

尼古拉斯的父亲是马来西亚的富豪，说起来他是富二代。虽然在香港、上海他都有公司，但是他的资产在马来西亚。金融风暴之前，他在马来西亚购置了一些土地，当时是用美金跟人签的合同。买完之后没过几个月金融风暴来了，马币大幅贬值，他持有的马币现金不够，手头的资产一时变卖不了。之前购置的产业有很多银行贷款，现在他的抵押物贬值了，银行要求他要么追加抵押物，要么就不给贷款了。其他资产也变现不了（根本没有人买），拖欠银行的贷款自然就还不了，于是之前支付的钱也全部打了水漂了，产业被银行收走大部分。

同时他在香港的业务也大幅萎缩，他在香港买的房子市值也全部缩水，没有新的业务，贷款还不上。而这时大马政府又出台了一项非常严厉的新政策——冻结一切资金外逃。不仅银行不允许转账，现金以及能换成现金的东西也不允许带出。尼古拉斯只好把他这几年在上海赚的钱全部转到香港堵他的窟窿，但那是个无底洞，他所有的资金投进去也没能挽救他在马来西亚和在香港的损失，最后房子还是被收走。

上海擎智广告突然没钱了。

从 1997 年到 1998 年，钱巍他们已经有 10 个月没有领到工资。公司的员工大量辞职，钱巍因为跟尼古拉斯是朋友，他一直陪着他，希望能够陪着他渡过难关。

陪着尼古拉斯熬了一年，1999 年，钱巍准备结婚了。那时他也没有钱，因为他有 10 个月没领到工资，一共大概有五万多块钱，而且这一年多来为公司跑业务，陪着可口可乐和其他公司吃饭、往来交通费等等费用，公司都没有给他报销一分钱，全部是他自己拿钱出来垫资，这些钱一共有三万多，加起来一共有八万多。也就是说，到 1999 年初，钱巍的老板，已经欠他八万多的工资及业务费用。

钱巍已经没有办法再为公司垫资，也没有办法让这种情况再持续下去。因为他结婚了，结婚之前一个人生活，他养活自己就可以了，但是结婚后如果他没有任何收入，自己不但无法养活自己，还要靠太太来养活，这种事情在他看来是不允许的。他觉得自己可以不给太太一分钱，但是他也绝不能拿太太一分钱。所以思考再三后钱巍决定离开公司。

他去找尼古拉斯，对他说："朋友，没有办法，我可能不能再陪你了，这 10 个月的工资以及这一年来为工作所花的费用，你什么时候有钱了再给我，我需要去另外找一份工作了。"

尼古拉斯是个有人情味的人，对钱巍的现状也是了解的，所以听完钱巍的话，他说："兄弟，你帮了我这么多，我已经非常感谢你了。"

也就在不久前，钱巍举办婚礼的时候，他找到钱巍，还没说话，眼睛就红了。他当时非常想给钱巍一个大大的红包，可是他没有这个能力，所以他说："兄弟，我没有能力送你一个大红包，现在公司还有一些芝华士酒，我送你两箱芝华士吧。"那两箱芝华士酒说实话也值不少钱，但是他当时手上真的没有钱了。那个时候，钱巍第一次看到一个公司从盛大到衰败是如此的迅速，看到一个人从富人到穷人的转变是如此残酷。

钱巍辞职时，把所有的工作都交代安排好，为了使公司的工作不受影响，他还把接任他的销售部新经理带到了可口可乐公司交接工作。

到了可口可乐公司，钱巍跟对方的负责人说："我结婚了。无论我目前的状况还是公司的状况，我都不太适合再待下去了，所以今天我把公司新的市场部经理介绍给你们，希望对接一下工作。"

对方的负责人看了他们俩一会儿，说："我知道，你们公司的情况我们很清楚。"然后对钱巍说："小钱啊，我有两个问题要跟你说，一个是针对公司，一个是针对你个人。对公司，我们之前把可口可乐的业务给了你们公司做，并不是看上擎智广告这个公司，是因为我们看重钱巍你，我们认可你的能力。事到如今，我坦率地跟你说吧，如果你走了，我们可口可乐的广告业务不会再给擎智广告做了。因为它的现状我们已经知道了，虽然我们是付钱方，不是收钱方，但是以尼古拉斯目前的状况，他的其他供应商可能都很难从他那里收到钱了。如果他的付款能力有问题的话，那么我们真的不敢相信，他能保证我们的单子能够很好地完成。因为他的供应商收不到钱，恐怕不会给他供货了。之前是因为有你这个人和你的保证在，而且这一两年来你从来没有拖过我们的订单，每件事都做得很完美，那么你走了，以后真的不可能再把这个单子拿到擎智广告去做。"

那么对私呢，他话说到一半，跟钱巍带去的新市场部经理说："你出去一下，我跟钱巍有私事要谈。"然后他跟钱巍说："你还有个选择，你到我们这儿来上班。但是最好的选择，是你自己开家公司来做我们的业务。你到我这儿来上班，对我们来说是好的，但这是对我们老板好，对我不一定好。因为你不做，我下的单子没有人完成，我还要重新去找人做。当然如果你不想自己开公司，那你真的可以到我们公司来上班。自己开公司，一切都是新的，也会有困难，这毕竟是人生的一个很大的决定。我们老板很喜欢你，你来，可以肯定你在我们公司会有一个很好的职位。但是我个人的想法，还是建议你开公司，这样，你自己有出路，我们也可以延续原来的工作。因为这是一件责任非常重大的工作。"

钱巍听了之后，顿时觉得非常震惊，考虑了一会儿，说："你这个建议我从来没想过，但是很有意思，我回去仔细消化一下。"

钱巍回到公司以后思考再三，他找到尼古拉斯，把可口可乐公司的意见说了，主要是说可口可乐公司提出：考虑到公司的经营状态，如果钱巍走了，恐怕不会再把广告放到擎智广告做了，因为他们觉得这个风险太大。钱巍同时也说到可口可乐的人建议他，如果辞职要到外面找工作的话，不如自己开一家公司。

　　钱巍最后非常诚恳、非常坦率地跟尼古拉斯说："说实话我从来没想过自己开公司，我一直把你当兄长，我也不瞒你说，听到可口可乐公司这样建议，我确实有点动心。但是我不知道我能不能做，我其实不是在跟你抢生意，我真的很希望你给我一个建议，我怎么做比较好？"

　　尼古拉斯立刻回答说："这件事情我想都不用想，立刻回答你：你要自己做。第一，你没有亏欠我。如果没有你，可口可乐公司的业务根本不会给我们公司做。第二，如果你走了，可口可乐公司要把业务拿走的话，那我肯定希望你来做，毕竟肥水不流外人田。"然后他又问："你公司名字想了没有？"

　　钱巍说："这不刚刚才提到这个事，一切都还没想呢。"

　　尼古拉斯说："那么我给你想个名字。外面有个公司叫 U^2，你就叫 V^2（Vsquare）吧，就是胜利的平方的意思。另外，V^2 还有个代表意义，你钱巍的"巍"字的拼音首字母是 W，两个 V，我觉得很好啊。"

　　钱巍听了，也觉得很好。告别的时候，尼古拉斯还说："我会想办法凑 5000 元钱给你。实在很对不起，本来应该再给你多一些，特别是在你要重新开始的时候，你对我的帮助那么大，可是以前我也不懂得珍惜，有钱的时候夜夜笙歌，有时候一个晚上就花十六七万。如果那时候不那么消费的话，也许现在我们公司还能撑一段时间。"

最坏的都想到了，就不害怕了

那是 1998 年底至 1999 年 1 月发生的事。虽然他们赖以生存的公司快撑不下去了，但作为朋友，临行前尼古拉斯这段话，给了钱巍莫大的信心和勇气。同时他真的很敬佩尼古拉斯，即便在最困难的时候，作为朋友，尼古拉斯还是表现了他的大气真诚，他对友谊的珍惜，对朋友的尊重，对钱巍能力的认可，以及他给钱巍最后的这个重量级的建议——创立自己的公司，这些在钱巍的人生经历中都刻下了深深的烙印。更重要的是他送给钱巍一个无价的礼物，那就是钱巍公司的名字，以及他对这个名字寄予的厚望。这一切成为钱巍新的开始。

那时钱巍身上只有 200 元，尼古拉斯承诺给他的 5000 元还没有到手，但是他决定立刻开始筹备公司。他花 120 元去工商局查询并申请使用"巍文"为公司的中文名，"Vsquare"为公司的英文名。然后他从妹妹和妈妈那里分别借了 10000 元，去注册公司，租房子。所有的成本，大概是 10000 元多一点。

跟妈妈借钱这件事，还经历了一番曲折。他爸爸去世前，把他叫到病床前，唯一交代他的事是"照顾好妈妈"。所以当跟他妈妈说了自己将辞职创建自己的公司时，遭到他妈妈的坚决反对。妈妈决绝的态度，使他花了一点时间，反复思考自己的决定是否冒失，是否可行。但无论怎么考虑，理智都告诉他，这件事值得试试。所以他还是坚持说服妈妈，何况他真的需要跟妈妈借 10000 元钱。

钱巍的妈妈认为，即使儿子在尼古拉斯的公司做不下去了，他也不应该自己开公司，她觉得儿子钱巍的个性不适合开公司。以她的生活经验，她认为个体户的风险非常大。她希望钱巍去一家大企业应聘有保障、有稳定收入的职位，这样生活不会大起大伏，不用担惊受怕。为了阻止儿子开公司，当儿子开口问她借 10000 元启动资金时，她拒绝了。拒绝之后发现钱巍还在想着开公司这事，于是她说："好吧，你要做也可以，妈妈也可以借这 10000 元给你，但是你必须写借条，半年以后把钱还给我。"钱巍果断给妈妈写了借条，在这张借条上，因为什么原因借钱，哪天借哪天还，他写得清清楚楚。

他也跟自己的太太说了开公司的事，那时候他刚跟太太结婚，他觉得这件事对他们这个刚建立的小家庭来说是一件大事，他不应该瞒着太太。那时他虽然心里已做好准备，但未来的事情现在是判断不了的。他跟太太说："开公司估计最初的投入是两万元，半年后希望公司不亏损，一年后希望盈利。就算损失了也是自己赔得起的，到那时如果还是失败了，大不了就去应聘一份工作，一个月 5000 元的工作还是可以找到的。给我一年的时间。"

钱巍的太太是个医生，听完钱巍的想法，她明白钱巍已经考虑清楚了，只是把决定告诉自己而已，所以她也没什么可说的。于是她就说："你想好了就去做，反正我还有稳定的工作，我们俩饿不着肚子。"

钱巍当时完全是白手起家，能省的东西他都省了。他把自己家里的电话拆了，搬到公司；把太太婚前用的一张桌子、一把椅子和家里一个床头柜搬了过来，勉强凑成了办公桌柜。但还缺电脑，作为一家广告公司，一台能做设计的电脑必不可少，可当时这种电脑要几万元。他到处打听，怎么用最少的钱买到一台可以做设计的电脑。

真是天无绝人之路。他偶然听朋友说，联合国教科文组织赞助给河北石家庄一批电脑，是摩托罗拉的。相信摩托罗拉牌电脑99%的人没听说过，99.99%的人更没用过。因为这批电脑实际上是摩托罗拉的试用品，在外面根本买不到，它的性能介于 PC 机和苹果机之间，PC 机是做文字处理的，苹果机是做图形软件的，这个电脑偏图形软件。因为一般人根本用不来，所以他们要处理掉。钱巍就花了 2000 元拜托朋友帮忙买了一台，又分期付款买了一台 14 寸的显示器。

办公设备凑齐了，接下来他聘了一个员工做设计，他给自己每个月工资 1500 元，给他聘用的这个员工每月工资 3000 元。

一切才刚刚开始。

谢谢你让我播下种子

　　新公司设立在上海市武进路 88 号，在外滩，因为过江就可以到可口可乐公司。更重要的是公司离雇来的员工家比较近，他回家坐公交车只有 3 个站，方便晚上加班。但公司离钱巍家很远，坐车回家他需要一个半小时。

　　钱巍租了一个 15 平方米的办公室，当时的租金是每月 1500元。办公室里仅有的一张桌子和一把椅子由雇来负责文件输入和电脑操作的员工使用，所以钱巍在办公室的时候是没有地方坐的，他常常会从早上 8 点站到晚上。那时候公司的业务主要通过快递传送。送快件的小哥来了，只能把自己电动车的头盔拿下来放在地上当凳子坐着。他很奇怪地看着他们问："你们俩谁是老板？"那位员工会笑着指着钱巍说："他是老板。"小哥大概觉得没有凳子坐的老板他只见到眼前这一个。

　　白天做完工作之后，钱巍要把文件拷到磁盘，晚上带到一个朋友家。那个朋友也开了一家公司，他的情况比钱巍好一点，有电脑和打印机。钱巍到他家去用他的电脑做报价单，再借他的打印机打出来，最后把文件拷到自己的软盘带回家。第二天上班等快递来了，再把打印好的报价单之类的资料交给快递，送达客户手上。就这样，巍文电脑公司开始了可口可乐的业务。

那时候可口可乐公司的付款周期是 60 天，钱巍觉得无论如何自己要撑过第一个 60 天。但这次可口可乐公司为钱巍打破了惯例，当钱巍把巍文公司第一张报价单给了可口可乐公司之后，他们只用了 14 天就付给钱巍第一笔款项。

就这样，钱巍熬过了最初的 60 天，把公司撑下来了。

钱巍第一年在可口可乐公司的业务并不是很多，总的加起来第一年他的利润不到 10 万元。但好在这些工作中设计占的比例大，所以，除了人工成本，其他的成本比较低。

可口可乐旗下产品

虽然第一年公司的利润只有 10 万，但钱巍却为自己的小公司立下了严格的规矩：第一，不拖欠供应商的钱，说好 30 天付款，他不会拖到 31 天，这样他也有底气要求供应商给的货保证质量。如果供应商的产品有问题，他也会毫不留情地退货。第二，交给客户的产品也是如此，按时按质按量完成是必须的，哪怕只有一张菲林片的设计稿，他也从不含糊。

第一年的利润除了员工的工资，盈余的部分他添置了一些必要的工作设备。首先更新了电脑，买了传真机、打印机，还给自己添置了桌子和椅子。其中电脑是最贵的，因为是做设计用的，所以那台电脑加上配置，就花了 3 万多元。除此之外，他还找了一个财务，他觉得公司可以小，但是财务不能含糊，最初公司刚开张时，他找了一个兼职的退休人员做财务。但现在公司既然已经在营业，那就要符合企业规范，老板管财务是管不好的，哪怕当时他们只有一家公司的业务。

在这之前，钱巍已经把隔壁一个 15 平方米的房间也租下来了，现在办公室面积变成了 30 平方米，加上买了设备，收入和支出刚刚持平，这一年钱巍没在公司领一分钱工资。

从 1999 年 8 月开始，钱巍的公司除了可口可乐的业务之外，又增加了一家美国品牌——美国杜邦安睡宝。这家公司也是当时钱巍把它引进到擎智广告的，也是他曾经在花园饭店的客户。到了 1999 年 8 月，擎智广告已经进入破产清算，只剩下一些办公室的人员在善后，因为钱巍跟杜邦公司的工作人员一直有联系，所以他们也把业务转给了钱巍。

同时钱巍也把擎智广告两个失业的员工招进自己公司，其中一个正好以前也是做杜邦的，到了自己公司以后，接着做杜邦。

到了1999年底，快过年的时候，钱巍接到了前老板尼古拉斯的电话，尼古拉斯问他："钱巍，这一年你做得怎么样？"钱巍说："刚刚开始，有很多困难，但是还可以撑下来。"

尼古拉斯说："我真的开不了口，我还欠你那么多钱，但是我的公司开不下去了，我要回一趟马来西亚，想在马来西亚筹一点钱带过来。我还是想把上海这个公司救活。"

钱巍说："好啊。"

他继续说："实在不好意思，不知道你方不方便借我一点钱？"

钱巍问他："你需要多少呢？"他说："我也说不好，你看多少你方便吧。"钱巍算了算，他说："我除了给员工开工资，我大概还有3万盈余，那我给你2万，留1万元过年吧。"

他说："这样不太好吧。"钱巍说："没关系，你有困难你先拿去用。"于是问清了公司的地址，他就到钱巍公司来了。

他们约在武进路88号钱巍公司的楼下见面，约定时间快到时，钱巍在楼上远远地看到尼古拉斯走过来，站在公司下面的马路边上等他。眼前的尼古拉斯穿着风衣，胡子很长，满脸憔悴，手中的烟头快烧到手指了，这跟曾经非常精神非常帅气的他判若两人。钱巍心中一紧，赶紧跑了下去。

钱巍把 20000 元递给尼古拉斯，说："钱你先拿着，也不用着急还。你下次回来，等生意缓过来有钱了再还给我就好了。"尼古拉斯说："我这次回去，要想办法带些钱过来。我给你写张借条吧，包括前面欠你的工资和那些费用。"钱巍说："我们俩的关系，不是一张借条的问题，如果你要还我钱，没借条你也会还的。如果你真的没有能力或者你有能力不想还给我，写张借条也没有意义。"

尼古拉斯听了这话眼泪都流出来了，他说了一声谢谢，掩饰着自己内心的难过，把钱放进风衣口袋，转身就走了。

钱巍看着他的背影感慨万千，人的命运有时候真的是不可思议。曾经那么风华正茂、才华横溢的尼古拉斯，不仅谈吐非凡、头脑清晰，而且有智慧有魄力，可还是经不起命运的折腾。人常常不能预料自己的未来，尼古拉斯的落魄背影警醒了钱巍：立足当下，把自己的工作尽力做到最好；顺境的时候要未雨绸缪，即便经济能力允许，也不可放纵自己。所以在此后的日子里，钱巍的生活中从来没有出现过像尼古拉斯那样夜夜笙歌的事情。

过了几个月钱巍听到了关于尼古拉斯的消息，原来他当时连回马来西亚的机票钱都没有了。他用钱巍借给他的钱买了一张回马来西亚的单程机票，把剩下的钱还给了一家供应商。因为那个供应商也差不多要破产了，虽然尼古拉斯没有还完他的钱，但是他知道尼古拉斯也不容易，所以他还是把尼古拉斯送到机场。

再到后来听到尼古拉斯的消息，就是他回到马来西亚之后，带了一点黄金想回到中国，想把黄金换成人民币。可是在过海关的时候，被大马海关发现，不仅收缴了他的黄金，而且他人还被抓了，判刑后进了监狱。

再到后来，关于尼古拉斯的消息就很少很少了。有时候钱巍听到有人说在广州见到了尼古拉斯，有时候又听到有人说在香港见了他，还有人说他从监狱出来以后去了澳洲，也有人说在马来西亚见过他。但钱巍再没见过他。不知道他现在是否组建了家庭，事业是否重新开始？钱巍认识他的时候他没有结婚，曾经有一个女朋友，是他香港公司的老总，但是当他的公司出事以后，那个女朋友也和他分手了。如今回忆起尼古拉斯，这个曾经在钱巍生活中留下过重要印记的朋友，钱巍对他还是万分感激。

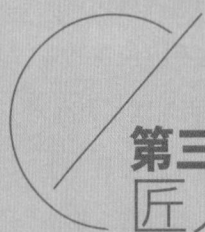

第三章：
匠人道厚，做对的事情

⊙ 低一点：谦卑到不计成本把事情做到最好
⊙ 高一点：标准永远比客户要求的高一点
⊙ 准一点：品控是达到高标准的重要手段
⊙ 实一点：真实到透明才是最有能量的土壤
⊙ 严一点：正确的事是不给错误1%的概率
⊙ 静一点：在各种变数中坚持做自己
⊙ 控一点：控制赚钱的欲望才能赚到钱
⊙ 深一点：深度够了，才有长度

低一点：谦卑到不计成本把事情做到最好

1999 年底到 2000 年初，对钱巍来说是一个很重要的时期，这一时期，他送走了好朋友，也是他某个阶段的事业导师尼古拉斯。尼古拉斯让他看到了人生的很多层面，也启示并鼓励钱巍创建了新公司。但是尼古拉斯远去的背影和他的故事，也让他记住了经验和教训。诚如他在花园饭店，他的同事，也是他当时的上司做砸了尼古拉斯的那场非常重要的酒会，留给他后来成长的机会一样。

钱巍是一个善于学习、善于总结别人经验的人。他谨记别人失败的细节和原因，把它们作为提醒自己不要犯错的理由。同时，他还有非常严谨的自律精神，他把在花园饭店受过的严格训练，以及对规则的尊重融化在自己血液中，所以当他自己有机会独立开始时，哪怕是一个小小的公司，他也要把工作做到完美，让别人无可挑剔。这些"完美"简单地说就是"守质、守时、守量"地做好工作。虽然只有 6 个字，但是要 6000 多天都做到是不容易的，需先要有对工作的尊重和对规则的敬畏，然后把这 6 个字作为工作的规则遵循。

即便是公司刚刚开始规模还非常小，但是他严谨地对待每一单工作，严谨地制定公司的规则。他希望种下去的这棵小树，不仅要活下来，还要长出新芽，长出叶子，长出新的枝条，最后能枝繁叶茂。所以在做好可口可乐的业务之后，1999年底，他对自己的公司做了一个小小的扩张，他需要去寻找和开拓新的业务。

正好原来他在花园饭店工作时候的一个同事，也是销售部的员工，去了世界一线化妆品牌雅诗兰黛上海公司工作，这位同事曾经非常崇拜钱巍，一直以他为榜样。得知前同事现在是雅诗兰黛市场部经理，钱巍找了一个时间去拜访他，前同事把钱巍介绍给了他们的品牌经理。钱巍跟他们介绍了自己公司的现状、业务和公司理念，同时提出希望能够为雅诗兰黛做一些广告。因为有为可口可乐公司工作的这个口碑，也有过去同事对他的认可和理

雅诗兰黛"小紫瓶"

解，所以他和往常一样，并没有说太多，也没有表现强烈的愿望，之后就回去等消息。

一个月后，他等到雅诗兰黛的回复，说在太平洋百货雅诗兰黛专卖店有些小业务可以先给他试试。太平洋百货当时是上海最大的合资百货，开在繁华的徐家汇和淮海路，它是 1990—2000 年代最有名的百货商场，它象征着上海这座城市的商业繁华，承载许多人的青春梦想。不仅在上海，它的名字响彻全国，无数的外地人去了上海，都要去逛逛太平洋百货。所以作为国际一线品牌雅诗兰黛也在那里设有专柜，钱巍接到的第一份雅诗兰黛的工作，就是为太平洋百货的专柜制作立牌、桌卡。

第一个月，钱巍为雅诗兰黛太平洋百货专柜所做的工作，利润只有一百多块钱，但是钱巍没有因为这么少的工作量、这么简单的工作内容而降低自己服务的水准。他把工作做得尽善尽美，并如期完成。从单价来说他有利润，但是他做的每一张台卡和立牌，要送样、确认、修改，来来回回好几次，加上人工成本，他实际上没有利润。但他不会因为不赚钱就糊弄这些简单的工作，也不允许员工有任何懈怠，他要求所有的员工都要以饱满的热情对待工作，所有员工都必须微笑面对所有工作后面的人。

那时候雅诗兰黛在上海大概已经开了有十几个专柜，钱巍工作的利润，每个月从一百到两三百之间，因为有些店要做一个立牌，有些店又不做，所以他做的立牌或者是桌卡并不是所有的店都通用，但是他不因琐碎和利薄就放弃或者忽略。他坚持做了半年。

当时雅诗兰黛其实跟另外一家比较大的广告公司已经签有合同，由那家公司承接了雅诗兰黛所有的户外广告。钱巍在这半年中其实做的是捡漏的工作。可是经过半年的观察，雅诗兰黛的品牌经理和他的同事们发现，哪怕就是这些零碎工作，无论是服务态度，还是对品牌的理解，以及设计、打样、印刷，钱巍都做得非常认真，比现在那家公司做得更好。于是他们慢慢开始把一些新开店的广告业务交给钱巍。

创业开始，钱巍就是公司最全能的员工——集业务员、电脑录入、打印、送样于一身，另一个员工负责设计。在雅诗兰黛的业务量慢慢增加的时候，他没有因为自己管的人多了而改变自己的做法，他常常跟着负责各个不同工种的员工，亲自去雅诗兰黛公司倾听客户的意见，了解他们的需求，明白这些工作的技术要点。当然还有那些亲力亲为、貌似救火的事情，比如有一次在上海最繁华的徐家汇太平洋百货，一个高4米、宽7米的大橱窗要布展，第二天新产品要面市，但是那天突然接到通知，安装工人来不了，钱巍只好带着一个员工亲自去做。那个橱窗从外面看只有一个完整的画面，但是里面由三面玻璃拼接而成，他们必须进入橱窗里面，分别把三个画面安装好再粘贴在一起，这样从外面看才是一个整体。

那是一个非常大的橱窗，深度 50 厘米，高 4 米，长 7 米。当时正好是盛夏 7 月，天气本来热得不行，橱窗里面还有 40 多盏灯，基本上不怎么透气透风。为了不影响商店营业，他和那个员工带了十几瓶矿泉水、梯子和所有需要的材料，从晚上 11 点进去，一直做到第二天早上 6 点。

钱巍不好让更多其他下班员工跟着辛苦，他就请来太太在橱窗外面指导方位。因为他们在里面安装，看不见外面的效果，需要有一个人在外面配合看他们所装画面的高低平衡。但是外面和里面的人隔着玻璃听不见对方说话，里面的人只能根据外面的人的手势调整。他们就这样工作了一个晚上。他不太记得那天衣服湿了又干，干了又湿了多少次，只记得到第二天早晨 6 点左右终于做好了橱窗。钱巍出来后在外面做立板时，碰到了雅诗兰黛公司来检查的员工，他看到钱巍一大早就在那里忙着，便问："钱总，你怎么这么早就来了？"钱巍说："不是这么早，是昨晚就没回去。"那时，他太太正累得坐在橱窗前的路沿上休息。

他还干过在很多人看来特别傻的事儿。有一次一个北京商场的雅诗兰黛专柜新开店，需要做的店面广告和形象布置都如期完成，在开张前一天发现还有一块 KD 板忘记了。这次的工作由客户通过邮件发给他们，但是对接的员工把最小的 KD 板忘了，想起来的时候已经是开业前一天下午 6 点，而第二天店里必须要用。发现之后钱巍立刻安排员工制作打印，乘坐晚上 9 点多的火车从上海出发，第二天早上 7 点到北京南站，如期送到店里放好，没有耽误店面开张。然后他又坐火车回上海。

根据合同，这张卡的利润才 50 元。但是钱巍为这个工作付出的劳动力成本、交通成本和时间成本不知道是 50 元的多少倍。为了节约成本，他还可以选择在北京找一家广告公司制作，可是他没有这样做的原因是：第一，他跟雅诗兰黛的合同是集团合同，所有的产品质量全国统一。正因为承诺了全国统一质量，雅诗兰黛才会把所有的产品，无论大小交给他们做，甚至他们每月还出快递费。第二，他认为信守承诺是一件比赚钱更重要的事，所以使命必达。钱巍认为，基于此他们没有任何理由可以在北京随便找一家广告公司做一张利润只有 50 元的 KD 板放在雅诗兰黛的柜台上。

后来，雅诗兰黛集团去参加开业典礼的人知道这件事后极为惊讶，他立刻打电话给钱巍，说："钱总，不至于吧。"钱巍说："不，这对我们来说非常重要，是我们的错。"

这种事情当然不止这一次，为品牌做广告，一旦签订年度合同，一般来说大多数时候按照计划走程序，这是比较常见的一种工作流程。但有时因为商场的突然变化，有时因为品牌的突然变化，常常会出现一些应急的情况，比如说有些商场临时出现一个场地的空档需要品牌配合做推广，那正好品牌也觉得符合自己的宣传需求，于是立刻就会让广告公司配合出任务。这种时候往往就是钱巍他们要立刻调动人员，及时安排工作，迅速行动的时候。所以如果要举这样的事例，基本会多到他自己也记不清。他只记得一次是做商场用的吊旗，当时也是因为要赶工，第二天就要出展，他就跟公司负责的员工一起在商场里面干了个通宵。这种时候他往往不会打扰其他的员工，不会把其他部门的人调过来加班。因为他觉得每个人都有家庭，每个人都有自己的生活，跟家人团聚或者安排除了工作以外的生活，是一件非常重要的事。所以他就牺牲自己的时间亲自来做。

由于他这种亲力亲为、体谅员工的工作方法，让他从一开始就和公司员工关系非常好。在他们公司，你会发现一种难得的同事间关系的平衡和谐，很多次看到，无论是员工来跟他商量工作，还是在路边或在楼下遇到他，没有一个员工用那种仰视、紧张、拘谨的语言和神态跟他打招呼，他们常常叫他钱巍，很少叫他钱总，也常常互相打闹，不分彼此。我去他公司跟他聊天的时候，发现他的员工还在他的办公室冰箱存放食物，进出他的办公室取食物如出入自己家一样随便。

这大概就是钱总特别喜欢的公司状态吧，所有人就像家人一样，尊重不在于职位高低，而在于本事大小，相处不拘长幼尊卑，而在品性是否良善。记得我在读他们钱氏家训的时候看到他的先祖们这样叮嘱他们的后人："信交朋友，惠普相邻，恤寡矜孤，敬老周急，排难解纷。"好的家训以及先辈的言传身教，是刻在钱氏后辈骨髓里的 DNA。钱巍说，他并没有刻意去阅读先祖的书籍和家谱，但长辈们从小的为人处事，以及对他的教育，让他知道该如何做人做事。

高一点：标准永远比客户要求的高一点

钱巍创立公司的时候，中国的化妆品行业处在怎样的时代？

1993年雅诗兰黛集团将旗下最受欢迎的雅诗兰黛与倩碧品牌推向中国市场，并在上海设立了第一个销售柜台。那时的中国女性选用的护肤品还基本上是国产品牌，诸如雪花膏、百雀羚之类，而使用的目的更多是为了防治皮肤干裂、冻伤等基本需求。雅诗兰黛和倩碧两个国际高档品牌的进入，对当时中国的消费观念无疑是一种冲击，那些热衷追求时髦的女性们，开始认识并关注这些品牌，与此同时，她们对护肤和化妆，对美和潮流的意识也随着这些国际品牌的进入而被唤醒。

2001年底，伴随着中国入世以及社会经济飞速发展期的到来，众多国际时尚与美妆大牌纷至沓来，一时间，不仅在上海，整个中国的消费者对于美丽与品质的追求也瞬间被激发。雅诗兰黛集团便抓住这次绝佳的契机，于2002年正式成立在中国的全资子公司。从此，一个傲居世界化妆品行业领先地位的"美妆帝国"，开始了创造中国式美丽的传奇之旅。而这也是成就钱巍成功的传奇之路。

钱巍于 1999 年成立公司，2000 年开始承接雅诗兰黛广告设计业务，他从最初的一两块桌牌，每个月利润一两百做到两三万；从最初的雅诗兰黛加倩碧 16 家店，做到全中国（除了西藏）几百家店；从最初两个品牌做到现在雅诗兰黛、倩碧、海蓝之谜、波比布朗、魅可等 9 个品牌。中国改革发展的 40 年，据说广告是变化最快、设立公司成本最低、淘汰率最高、员工平均就职年数最短的行业，钱巍带领的公司历经 20 年的变化，不仅没有被淘汰，而且越做越大，越做越强。特别是作为雅诗兰黛集团大中华区唯一广告制作代理公司，20 年来，有无数的人和无数公司，包括中国香港、新加坡、马来西亚的知名广告公司想取而代之，但最后都未能撼动钱巍的地位。

深入地跟钱巍聊过无数次，再仔细地了解他的 Vsquare 公司的方方面面，你会发现他公司的规章制度少得可怜，特别是几乎没有当今非常受风投企业青睐的市场、商业模式，包括团队三要素中的前两个要素。

从市场来说，Vsquare 的市场模式非常固定，它就是服务行业中的广告业，客户的市场就是它的市场，这么多年它就是深耕雅诗兰黛，没有野心和其他主动的外延性开拓，所以没有风投需要的想象空间。从商业模式来说，他的商业模式也趋于保守，基本上不去想市场有多大壁垒，也不去忧心市场份额是多少，竞争对手在哪里，自己跟他们有什么区别，是否还要拓展相关行业，他也从没有考虑过融资做大的事。

跟其他同行业的广告公司，甚至在中国最著名的广告公司有什么区别？自己的特点在哪？以及建设一个怎样有着"钱巍"烙印的公

雅诗兰黛品牌在上海大丸百货商店的巡展布置

司？这些问题他是想过的，而且思考得很深，持续的时间很长。

这个"深"体现在他为 Vsquare 树立的标准——要做出百分之百满足客户标准，甚至高于客户要求的产品，不允许弄虚作假，不允许犯低级错误和同样错误出现两次。

看似简单的一句话，坚守将近 20 年真的不容易，更不容易的是 20 年来他的客户对他和 Vsquare 投诉率几乎零。

能坚持 20 年的事，一定有一种非凡的精神在这个公司运行

渗透，这种精气神如今流行叫文化。对，就是建立一种文化，让文化成为公司标准的肥沃土壤，让所有员工心甘情愿地认可并遵行这个标准。

在当今这个浮躁喧嚣的社会，钱巍需要的是另一类人才。这类人才首先必须是一个有良知的人，一个有正确的价值判断、知道分辨真美善的人。

大概在公司刚成立不久，发生过一件事。一个大学毕业加入公司的新员工，在设计上很有天赋，对色彩的把握敏锐准确，完成工作也有自己的一套思路。这样的人其实是很多公司需要的，但这种人往往脑子太聪明，总想用一些巧办法满足一己私利。由于对客户要求的领会比其他人快，慢慢地他就出现工作上急躁求快，跟同事的沟通交流非常傲慢的情况，除了钱巍的意见，其他人的想法他基本听不进去。最初钱巍还非常尊重他，觉得有才能的人大概都有个性。可是有一次他接到客户的工作任务单以后，并没有及时转给团队的其他同事，而他那几天又忙于在家里干私活——因为想多赚钱，所以他接了别的广告公司的工作。当客户的电话来了，要交大样的时候，大家才发现他工作还没做，而且除了他以外，谁也不知道这份工作的存在。

事情发生后，虽然他有些愧疚，在钱巍找他之后他也意识到自己做得不好，但是言谈举止没有丝毫反省。钱巍没有任何犹豫，选了个合适的时间，明确地跟他说做完这个月就不用再来了。

钱巍不是个爱教训人的老板，但说话的时候往往就是一个决定。

有了对良知的认识，钱巍想让员工们知道什么叫良品。对这一点，他提出的要求是任何事情都要把客户的要求放在首位。充分理解客户，理解产品，即便遇到自己暂时觉得苛刻的条件也绝不可以在客户面前有情绪。任何工作拿回来以后大家讨论，想办法执行。

在钱巍看来，主动为他人着想，善于为他人着想，也是一种良好的品质。当你站在别人的角度思考问题时，你的视线和心情会大不同，你不会那么狭窄，不会那么固执，能体谅到别人的难处，能看到别人的优点，能让自己变得谦卑。不会因为工作问题产生不同意见时，采取极端的方法解决，影响跟客户的关系。

学会了站在对方的角度思考问题，接下来就是要知道什么是优质的高标准的东西。为了培养大家对世界顶尖品牌的认识，他要求大家把世界三大奢侈品集团所有顶尖化妆品品牌全部进行研究了解，定期在公司的业务会上讨论。每个人都要谈谈自己的理解，哪个品牌哪个产品的广告好？好在什么地方？哪一个不好？不好在什么地方？何处打动了你？打动你的地方是色彩，还是画面设计，或者是光线？同时他还把世界顶尖广告设计大奖的获奖作品拿来给大家分享。当然最直接的，就是鼓励和带领大家去看各种的博物馆、展览会。上海作为中国最前沿的时尚城市，那些年有特别多高质量的展览，包括美术展、产品展、广告设计展。经过这些洗礼后，所有员工基本上都对钱巍推行的公司文化价值有了一致的认识。

有了对何为好，何为美的认识之后，接着是对雅诗兰黛产品的理解力的开发和培育，从最早的可口可乐，到现在对他们服务的所有品牌的理解力。要理解这些品牌的设计宗旨，产品的用途，产品的目标对象，产品要达到的效果，必须首先了解这个品牌的历史、成就，以及经典产品历久弥新的力量等。这些是基本功，是做好品牌设计的关键。建立相关基础之后，才能有真正对具体产品的理解——产品作用、效果、目标人群，画面表现力，色彩的张力及背后的意图……

为了提高自己和员工对品牌的理解，钱巍带领员工大量阅读关于雅诗兰黛旗下各个产品的书籍，创业者的自传，相关的产业研究报告，公司上市前后的产品设计变化，财务数据等，从深层次对品牌依托的实体进行了解，然后在总体上把握品牌文化和理解产品的要求。

他的员工很多都跟了他5年以上，10年、15年的都有不少，并且工作5年以上的员工已经占公司的80%，这是一件挺不容易的事情。因为改革开放40年来，中国广告公司如雨后春笋，年轻人在各个公司待不了多久，脑子灵活转得快的人，学到点皮毛，甚至觉得这个低成本的行业自己也能做，所以此行业跳槽率尤其高。而 Vsquare 的员工是个例外。他们与公司的关系如此持久，我想这与钱巍这些年培育的企业文化以及员工对品牌的理解、认同和尊敬有关。因为当你与一个驰名世界几十年甚至上百年历史的品牌进行深度对话，你会被它吸引被它感动，工作的意义和内容有了延伸拓展，每天都有新鲜感，有刺激有激情有进步，是一件幸运、幸福的事。那么工作，就不仅仅是为了工资，它还有创造、快乐和享受的意义，这大概也是人活着的意义。

钱巍还特别注重对产品的态度和对品牌公司人员的态度。

"尊敬和谦卑"是钱巍特别强调的。你认同品牌的价值，你被它折服、为它着迷的时候，你自然会对品牌怀有一种尊敬和谦卑的态度。尊敬，能够让你安静，放平自己的心态，倾听对方的声音，包括对方品牌工作人员的声音，作品的声音，产品的画面表现出来的声音。这都需要你用非常尊敬的心安静倾听。谦卑，能让你放下所有的个人情绪，站在产品面前，以它为大，这样才能读出产品真正的内涵，正确理解产品所要传达的信息。

这是每一个 Vsquare 公司的工作人员对工作的态度，也是 Vsquare 公司员工对同事的态度。

有了正确的价值观和态度，接下来就是确立什么是公司的产品标准，如何执行这些标准。

对钱巍来说，很简单，客户的标准就是产品标准，公司的标准就是比客户的标准再高 20%。细化在工作流程上，那就是首先由客户部产品经理跟客户对接，按时甚至提前知晓工作任务，准确领会工作要求。客户部产品经理把工作拿回公司之后，跟电脑部产品设计的同事及时沟通，准确传达客户的要求。电脑部设计人员要领会客户的要求，尽最大的努力去完美体现客户的产品要求。

在这个过程中，往往他们跟客户的合作互动是非常愉快的。因为凡事站在客户的角度为客户着想和善意的沟通并不矛盾。如果工作中发现对客户产品宣传不利的地方，要及时沟通。这样才是对客户负责，对自己负责，所以这一点也是公司标准的一部分。

这是跟雅诗兰黛合作以来，他们最信任钱巍和Vsquare公司的地方。举例来说，西方的审美趣味与东方人不仅有区别，有时区别还很大。同一季产品广告主打的模特儿，在欧美也许是一个脸上有雀斑的小姑娘，但这样一个贴满欧美各大机场、百货公司、各大街口，在各大电视屏幕中出现的人物，在中国人眼里并不认为是美的。中国人觉得女孩的皮肤越白越美，最好白如凝脂，挑不出一点瑕疵。所以这样的单子到了钱巍公司，他们在针对产品进行认真研讨之后，会把建议反馈到雅诗兰黛那里，雅诗兰黛会对他们的建议进行评估，如果觉得有道理，他们就会接受，并委托Vsquare公司修改。有心的中国顾客可能会注意到，雅诗兰黛进入中国二十几年来，他们所有的广告模特没有一个脸上是有雀斑的，这些女孩不管是中国模特还是外国模特，都是中国人心中美的极致。而西班牙品牌 ZARA 使用满脸雀斑的中国模特李静雯那组有争议的广告作品，在中国引起巨大讨论，差点引起中国消费者集体抵制 ZARA 的事儿。虽说不理解中国一些消费者对美的狭窄理解，但似乎从中国大众审美文化的角度来讲，也许这是一次文化的小冲突的体现。这种冲突在雅诗兰黛从没有出现过，这意味着雅诗兰黛的广告没有出现过这样的危机，意味着这 20 年来钱巍为雅诗兰黛在中国推广的产品形象起到了保驾护航的作用。

在雅诗兰黛公司对设计大样认可之后，接下来钱巍的公司工作进入制作部。制作部是一个承上启下的部门，对上它负责跟客户衔接，对下它负责跟印刷厂沟通，同时还要负责联系所有的供应商，采购全公司所需的全部材料，是权力最大的一个部门。

制作部的工作是准确地把握每一单工作的时间节点和质量标准在设计上的体现，保证得到客户认可的大样准时到达工厂，准确地把客户的要求传达给工厂技术师傅。采购材料需要一丝不苟地执行公司的材料标准，不可以在任何环节出现差错。

印刷厂的技术工人配合出大样并得到客户认可后，要在机器上再次校正大样的色彩。这个环节的调色甚至比电脑部还要重要，因为他们直接关系到出品的质量。

此外选什么材料，同样可以检验一家公司或一个人，是宅心仁厚还是利益至上，是诚实守信还是虚假欺骗。

Vsquare 在材料上的选择之严、标准之高，恐怕同行业能与之比肩的不多。简单地说，就是采购的材料一定要比客户合同要求的材料质量高 10% 以上，比如说客户要求出品的纸张是 200 克的铜版纸，那么钱巍在经过听取印刷工人和设计人员的意见之后，他觉得可能用 220 克的铜版纸效果更有保证，那他一定会选择 220 克的铜版纸。如果这次客户要求的印刷油墨是某个指定国产品牌，那么他也会选比这个品牌的油墨高一个档次的产品。因为他了解到，选择稍微高一个档次的，可能印出来的产品成像色彩更饱满，更能体现客户的要求。关于使用的机器，因为设计中你使用的电脑品牌不一样，色彩效果肯定不一样，对色彩的判断直接影响后期的印刷效果。所以他在最初做可口可乐的业务时赚到第一桶金之后，就把资金全部投入更换公司设备。现在做雅诗兰黛更是如此，电脑部设计用的电脑一定是同时代最先进最好的电脑。

公司采购的材料还自觉主动地执行了行业对环保的最高标准，这在同行业中能做到的似乎很少。

他们用的墨水是生物墨水，印刷材料用的是环保的生物材料和 UV 材料，纸张全部是从东南亚国家进口，因为国内品牌就算同一品牌同一型号，批次不一样，印出来的效果也不一样。高质量的纸张、墨水保证了颜色品质的同一性，又利于环保。成本是增加了一点，但返工率少了。有些产品是很便宜，但是使用率低，很快就坏；买好的产品，虽然贵，但使用寿命长。这看似增加成本，但其实不然，主要看我们如何看待成本这个词的含义。钱巍说："我宁可成本高一点，这样后续也是给自己方便。调颜色油墨准确，出废品频率低，品检容易通过也省心，而且因为我选的材料的涂层比较好，画面比较平整，没有气泡，安装时不容易脱落。要知道不平整或者脱落都要重做，重做就有成本。我们做的是从品质上赚钱，这样做，20 年来我们没有因为品质收到过客户的投诉，一次也没有过。从这个意义上说，我们的成本是收益远大于支出。"

还有他们用的胶水，合同要求要使用"可转移双面胶"，意思是不要在柜面墙上留下胶的痕迹，但是现在广告公司普遍使用的黏性很强的胶，这种胶贴在柜台和墙面，遇到柜台油漆不好或墙面老化，撕下来时往往会把柜面的油漆和墙面一起带下来，正常来说，这不是广告公司的责任，是柜台的油漆或墙面的问题。但是钱巍不这么想，他马上在市场寻找更好的胶，他了解到台湾的一家供应商有弱溶性胶，这种胶黏性没有那么强，因为胶面有细小的导气槽。采用这个胶的话，每平方米要贵 5 元，一个月他们如果要制作 3 万平方米宣传产品，那就要多支出 15 万元，但是钱巍决定做，他觉得自己的利润可以支撑。

国内很少有厂家用这种胶，主要觉得成本太高，因为一平方米的利润可能就是 10 元钱，增加 5 元的成本，那简直要命。这些厂家考虑的成本是花了多少钱买了多少东西，用了多少度电，很少考虑时间、人工成本。但钱巍觉得首先这些材料有利于环保，因为商场是相对密闭的环境，胶不好会产生污染。用环保的好胶，一方面减少对环境的污染，这是为社会做贡献；另一方面也有利于成本，因为新材料质量好，所以返工率低，这样就节约了时间，时间其实是最大的成本。使用新材料，印刷出来的产品质量高，在客户那里得到了好评，这样公司的口碑就越来越好。口碑这个东西也是金钱买不到的，他觉得多花一些钱是值得的。

关于印刷厂，目前钱巍的印刷厂操作机器的工长和调色的技术员必须培训，经过资格考试才能上岗。工厂的调色技术员跟公司的设计人员对色彩的判断和把控是不一样的，这些工人在他的工厂都是做了5~10年的，他们对色彩的判断水平有时甚至比一般的设计人员还要准确。技术工人的工资，比雇一个新的工人工资要高很多，这也意味着成本要高很多，但钱巍觉得有他们才是质量的保证，所以一个都不能少。

现在在上海，对于印刷类工厂，因为地段的成本和环保的要求，基本上类似的工厂都搬到20公里以外的地方去了。但钱巍的工厂就在离他公司大概3公里的地方，在一环的边上，这里地价成本比郊外高3倍，环保要求更严格。但他选择把工厂放在离客户和自己公司近一点的地方，一是如果客户有比较急于处理的产品，可以最快完成工作；二是便于公司编排人员和工厂交流，效率更高；第三，工人们一般都住在城市的中心，能够减少他们上下班花在路上的时间，可以让他们尽快回家、心情更好。

但是这么做，不仅租金贵了几倍，为了达到环保的要求，他还要增加投入。他给每台机器都做了防尘罩，安装了排风管。一句话，他做这一切都是为了保证产品的质量，更是为了保证工人们的身体健康。

他的印刷厂的机器现在使用的是日本爱普森80980，精度最准的印刷机，并且在机器上安装了一种特殊芯片，这些芯片是为了检验墨水是否合格，一般为了能兼用其他品牌墨水，安装时可以要求厂家拆除。但钱巍坚决要求保留，因为这些芯片能保证机器每次开机印刷用的都是最好的墨水。

现在国内承接这个级别广告的印刷厂，80%都是用替代墨水。替代墨水是进口墨水价格的四分之一，成本很低，但是颜色的精准度和色泽都不能保证。钱巍为了质量，使用的是100%进口墨水。同时为了保证自己买到的是100%的进口墨水，他买的墨水都是有编码的。为什么，因为即使是从供应商那里买了墨水，他无法确保别人卖给他的100%是正宗的。那么使用有编码的墨水，每次把墨水放进墨盒，机器都要读编码，读错了墨水喷不出来，根本开不了机。

用最好的设备、最好的材料，制作最好的产品，这个产品标准高于客户的要求，这是钱巍从公司成立第一天开始，为自己和公司制定的一条至今无法撼动的工作标准。此后，所有进公司的新员工必须首先认同这条标准，所有的工作程序必须围绕这条标准，所有人的工作习惯必须服从这条标准。

从 1999 年成立公司到现在，钱巍为公司订立的这些目标从来没有变过，从最初几百元的桌牌，到现在上千万的生意，他都这样严格要求。20 年来，由于钱巍以身作则对其原则的维护和坚持，现在，"高于客户标准"，让公司产品"更有竞争力，更强的品质，更少的返工，更好的口碑"已经变成公司文化的一部分。每次招聘新员工，除了看他们的经验、性格，还要考核他们是否认同并适合公司的文化。

我们常常说做好一件事容易，但要在工作或漫长的人生中几十年如一日做好每一件事并不容易。就这点来说，钱巍让人敬佩，是这个社会不可多得的人才。

准一点：品控是达到高标准的重要手段

钱巍从创立公司那天开始，设立了超标准的公司目标。有了对材料的严选和对员工的企业文化价值的培训，要保证"超标准"这个目标实现，他还设置了具体的、在公司工作流程中的品控环节。其实人如同世上所有存在的种类，哪怕智力超群，只要是人就会有局限，做事难免有纰漏和遗憾。那如何控制这些纰漏减小损失，就需要设置科学的管理方法，只有方法科学合理才能够把因人的能力和局限导致的错误减到最小。

具体工作中如何去控制？钱巍对产品从接单到出品整个流程的重要节点都设置有品控，主要有三个重要环节。第一个环节是在客户部，他们负责跟客户衔接，接受客户的委托时，他们要明确了解客户对这单工作的要求，同时要把这些以文字形式准确传达给电脑设计部。在电脑设计部进行样稿设计的过程中，客户部可以随时参与交流讨论，以保证对客户意图的精准把握。直到出样以后，客户部要检查品控样稿是否符合客户的要求。在这一关过了之后，他们再把这个小样拿到客户那里，听取对方意见，看是否达到他们的标准。

公司品控的第二个环节设置在工厂，工厂设置了专门的品控人员。这些工作人员必须是在公司工作 5 年以上的，具有丰富的经验和严谨的工作方法。他们要审核经过客户同意的样稿，审核之后，拿到机器上去试机。试机这个过程非常重要，因为打出来的小样面积都比较小，可是真正的成品有时候要大十几倍，或者几十倍。小样跟成品相比，它们的像素是否清晰？颜色是否饱满细腻？光线的层次是否达到标准？这里面有太多的技术含量，所以在这一步必须严格把控，否则印出来的几十到几百件成品有可能全部报废，造成巨大损失。

工厂的品控往往要跟客户部的品控密切联系和配合，一起审稿，一起比对，一起做决定。工厂的品控完成之后将作品打印出来，之后就到了最后一个品控环节——货运监控。钱巍的工厂安排了两个专门负责货运监控的员工，这两个员工首要的工作内容就是每天把机器制作完成的产品全部输入电脑，从这时开始，这个产品每一分钟的去向都在他们的监控之中。其次，他们要跟相关的快递公司联系发货。检查发货的内容和面单是否一致，这个环节一点都不能错，发错一家就意味着另外一家收不到货，所以错一家实际就是错两家甚至更多。一个宣传产品往往要出品几百件，仅仅以雅诗兰黛来说，他们在全国有 200 多家柜台，还有 100 多家丝芙兰柜台，保证柜台按时按质收到货，工作量巨大，责任也巨大。如果碰到新开店的，必须按时甚至要提前到达目的地，否则新开的店就会开天窗，这在他们的行业中，是不可饶恕的大错。所以货运监控的工作人员没有严格的上班和下班的时间，即使下班了，也常常要把货单揣在口袋，在手机上设置好软件，随时监控每件货的去向。因为人可以休息，货物没有休息，如果监控失责，导致货物失踪、延时等问题出现，又未及时处理，在钱巍的原则中，这可算公司的重大工作失误。

一个好的品控是很重要的。要做好品控首先要有认真负责的态度、良好的沟通与协调能力。要熟悉产品，抓住重点，理清思路，沉着冷静。同时要未雨绸缪，事先做好各种预案，以便计划外的情况出现时，能及时应对处理。

2008 年，中国出现了特大冰灾。那个冬天，在中国北方沈阳，有一个雅诗兰黛的专卖店要开张，这个专卖店设在沈阳最漂亮的百货大楼里，所以雅诗兰黛中国公司对这个店的开业非常重视。新店所有的装置广告都委托钱巍公司设计制作。钱巍和他的团队如期完成前期工作，货物包括两个部分：大尺寸的要通过物流运输，因为大尺寸的需要打木头架子，小尺寸的通过快递，全部提前 6 天发货。

在 Vsquare，他们是做好了万全的准备，但有时人算不如天算，他们遇到 2008 年 1 月 10 日开始在中国发生的大范围低温、雨雪、冰冻天气（后来这被称为"冰灾"）。上海、江苏、浙江、安徽、江西、河南、湖北、湖南、广东、广西、重庆、四川、贵州、云南、陕西、甘肃、青海、宁夏、新疆等 20 个省（区、市）均不同程度受到低温、雨雪、冰冻灾害影响。灾难导致死亡 129 人，失踪 4 人，紧急转移安置 166 万人；农作物受灾面积 1.78 亿亩，成灾 8764 万亩，绝收 2536 万亩；倒塌房屋 48.5 万间，损坏房屋 168.6 万间；因灾直接经济损失 1516.5 亿元，受灾人口已超过 1 亿。其中安徽、江西、湖北、湖南、广西、四川和贵州等 7 个省份受灾最为严重。暴风雪造成多处铁路、公路、民航交通中断。由于正逢春运期间，大量旅客滞留在站场港埠。另外，电力受损、煤炭运输受阻，不少地区用电中断，电信、通讯、供水、取暖均受到不同程度的影响，某些重灾区甚至面临断粮危险。

情形如此严峻，Vsquare 公司为客户运送的货物也大受影响。他们的实时货运监控发现物流货物到了山东就再也没有往前走了。经过反复跟货运公司沟通，还是没有办法。还有小尺寸的货物通过快递运送，监控显示还在上海，因为上海虹桥国际机场及浦东国际机场关闭，航班不能起飞，货物根本没法离开上海。经历过那场天灾的人一定记得很多公司已经放假，学校休息不上课。休息不上班的人也好，出门在外工作受到影响的人也好，都不得不每天盯着电视屏幕，等待冰灾尽快过去。

但钱巍不是这样的人，他的信念中，承诺过客户的就必须做到。因为沈阳的店还是要在预定的时间开业，货物无法到达，客户的形象就会受影响。虽然不是钱巍的问题，是老天爷的问题，

是货运公司的问题，但在钱巍的意识中不管是谁的问题，他负责
发货监控货运，那么就是他们公司的问题，他必须首先要跟客户
详细解释当前的情况，同时他开始行动。

钱巍立刻派人带着校色稿去北京，因为北京以北没受冰灾影
响，在北京找到他们的合作公司，把所有需要运到沈阳的产品，
花了一天一夜重新补色，开机印刷、打包。然后连夜包车直接送
到沈阳，连夜布置安装妥帖，保证第二天新店开业所有雅诗兰黛
产品与沈阳民众优雅见面。

对于钱巍和 Vsquare 说，冰灾是一种天灾，在当时的情况下
即使货物无法送达，雅诗兰黛也不能怪罪他们。而且钱巍为这次
工作额外支出的费用，包括交通运输费、印刷费、材料费、人工
成本费已经远远超过了原来的预算。但是他并没有额外向雅诗兰
黛申请费用，因为他觉得最初签的合同就是按时按质按量完成工
作，这是他对客户的承诺。既然承诺了，客观条件只要还有 1%
的希望，他就努力完成工作。这种努力在他，是一种常态，是一
种信念，也是一种使命。

合作公司盖璞（GAP）也发生过类似的事。GAP 于 1969 年
创建，现在它是一家拥有 5 个品牌、3200 多家连锁店、年收入超
过 130 亿美元、员工 16.5 万人的跨国公司，是美国最大的服装公
司之一。在说 McFashion 的时候，很难回避 GAP。这个一度在全
世界风靡一时的平价时装品牌，如今它的专卖店早已在世界遍地

开花。

钱巍的 Vsquare 从 GAP2010 年进入中国就一起合作，合作范围包括中国大陆、香港、台湾所有旗舰店、专卖店和柜台。一次，GAP 香港要新开一家店，所有产品广告和装饰在上海做好后要运到香港。可是在运输途中，在海关被扣下延检，并且没有给出确定的放行时间，但是香港那边开店是有时间的。没有办法，钱巍只好重新制作产品，用加急快递运到深圳，同时从香港调来 10 多个工人在深圳提货，十几个人一件件分几次从罗湖口岸过关，在口岸对面装上面包车，直接送到店里，当晚安装。这种运输方式常被他的员工戏称为"人肉快递"。

其实这次的工作延误同样跟 Vsquare 没有关系，因为他们无法左右海关这样的威权部门，但是钱巍不能因为跟自己没关系就不管。这个 GAP 店面的工作合同是 5 万元，最后他不但没赚到钱，甚至还亏钱。事后 GAP 的相关人员知道后，跟他说："你可以跟我们申请一下，把情况说明，我们也许能争取给你一些补助。"但是钱巍知道 GAP 有为难之处，因为他们的财务制度严，同样的单子不能有两次报价。而且他内心也知道，当初的报价中已经包含了高品质（五星级）服务的内容，对方认可这个报价，那么这些亏损只要在钱巍预计范围内，他愿意承担。他对他的团队说，我们要把眼光放长远一点，跟 GAP 的合作是一种长期伙伴关系，不要因为这一单生意的损失而斤斤计较。

　　钱巍在处理这些事情上，我们看到他仿佛不像一个生意人，而是有一种格局和情怀。他不拘泥于眼前的利益，而注重长期合作，追求与客户和谐共生。这让我想起作家余华的一句话："无论是写作还是人生，正确的出发，都是走进窄门，不要被宽阔的大道所迷惑，那里面的路没有多长。"

　　余华对世人的告诫，其实很适合企业家，一个有独立思考力的企业家，外人看来他走的是一条羊肠小道，但是他却能走得很远很远，那些一开始就走上宽阔大道的企业家，走着走着，常常走投无路，这样的例子数不胜数。这里的奥妙大概除了经营方法不一样，更重要的是观念和情怀吧。情怀是任何完善的条款和精密的机器做不到的，它靠的是学识、反省和舍弃。这大概就是钱巍和他的 Vsquare 得到以雅诗兰黛集团为首的国际大公司持续信任的原因。

实一点：真实到透明才是最有能量的土壤

增强企业透明度，是一个企业及其领导者能否赢得最广泛信任、创造更大更多价值，使企业发展更长远的一个重要保障，也是是否有勇气暴露自身缺点的胆识和能力的体现，其重要性是不言而喻的。钱巍一直把管理的透明、沟通的诚实当成公司成长的DNA。

这是他跟客户维系良好关系的法宝。还在花园饭店的时候，为了争取到微软公司到花园饭店做开业典礼，钱巍去找微软上海办事处的人，除了说花园饭店的优势特点，他还特别说了他们的局限和不足。他觉得只有跟对方说清楚了自己做不到的地方，对方才知道他能做到什么；只有把自己还没有把握的事情坦诚地告诉对方，对方才觉得可以跟你一起讨论解决的办法。这样才能跟客户之间建立一种透明的、有效的交流方式。

从那时开始，这个理念贯穿他创立公司和公司发展到如今的全部历史，从最初到现在，无论他去可口可乐还是去雅诗兰黛推销自己的时候，他都会先说自己的优势、想法、计划，同时他也会说自己的弱点，以及如何弥补和改善，把工作做好。

对公司内部，透明是他凝聚人心的法宝。

具体地说，公司先要营造一个透明的没有等级的环境。

环境包括两个方面，首先是公司人力管理的等级环境。Vsquare 没有人力资源部，钱巍觉得没有必要。目前公司一共有四五十人，人力资源部比较适合大公司，对小公司而言，会人为地强化公司等级关系，他更倾向于把 Vsquare 经营得像一个温暖的大家庭。虽然公司三个部门也设有三个经理，但这些经理因经验丰富资历较长，着重于每个部门业务内容的管理，没有职务上大小之分。

在公司，钱巍是老板，又不是老板。说他是老板指的是公司是他创立，他目前占了公司大部分股份，公司的主要事情他都会参与，公司解决不了的问题，大家会来找他。他还有一个工作，就是每年要去跟客户谈合同签合同。但他同时又不是老板，因为在公司里除了新来的员工，资历老的都不会叫他钱总，他们叫他钱巍。其他经理当然也不会被人叫"经理"，这不仅是一个称呼的改变，他希望首先通过称呼建立平等关系，工作也是一样，每个人做的工作只是内容不一样而已，没有上下之分。他用人也不看职务高低，相反，他非常珍惜那些不担任任何职务，但工作非常出色的员工，特别珍惜那些热爱公司、热爱客户，对工作怀有谦卑和尊重之心的伙伴。

环境透明的另一层意思指的是工作环境。Vsquare 公司位于上海最繁华的普陀区中心，在景园时尚产业园的办公室占地面积约 500 平方米。在这里，除了钱巍的办公室和一个需要调节灯光的看片室，整个空间是开放的，是现代 Loft 风格。上下两层，你目光所及，立刻可以看到全局，找到你想找的人，整个公司通透到无任何东西可以隐形。

进到办公室一层的左边，钱巍在这里设置了一个大概面积有50 平方米的餐厅和咖啡间，红色的桌了，黄色的椅子，仿佛像小摩登现代的咖啡馆，员工们自带午餐用微波炉热一热，在这里一起吃饭、交流。饭毕，泡一杯咖啡，谈谈工作，也谈谈家里的琐事和街上正在流行的各种新闻或者八卦消息。

整个办公区域的基调是白色、红色和绿色，红色是楼梯和地毯的颜色，白色是墙壁，而绿色就是布满了公司所有空间的

钱巍的办公室

绿植。进入公司，首先让人耳目一新的是满眼生机的植物，让人眼睛和心灵顿时放松下来，接着你会看到一张张阳光灿烂微笑的脸。

钱巍的办公室虽然有墙有门隔开，但是他的大门永远是打开的，他的员工可以随意进出，进来叫他钱巍，然后直接去找冰箱、咖啡机或者热水器取他们所需的东西。这样"随便"的老板和员工的关系，还真是第一次见到。

这间属于他的办公室里也没有豪华巨大占三分之一空间的大桌子，更没有墙上地上那些金光闪闪、能带来好运的所谓的吉祥物。墙上唯一挂着的是他在美国读书的儿子学校的一张日历，因为他要知道儿子学校的相关活动，好保持跟学校的及时沟通。

在这样的环境中，所有的员工进来跟他无论谈什么都很轻松，没有压力，而这正是他想要的，一个让人舒服的空间，所有的人都跟他坦诚相待。

有了交流的场所，还要有交流的规则。

钱巍鼓励员工们无论级别高低都跟他讲真话，这是他刻意建立的公司文化之一。员工们不仅跟他谈工作遇到的问题，希望有经验的老总出主意或者把关，也有骨干员工进来跟他谈真相，这是他非常需要了解的，因为作为老板，一定会有一些他不知道的负面信息，而他必须及时掌握和处理。

在这间办公室，他也奖励唱反调和提建议的人。要没有私心，这样的意见钱巍求之不得。只是他听了之后，不一定会全盘接受，但他会把经过自己认真思考后的想法真诚地跟相关员工沟通，直到大家心悦诚服地达成一致。

他还要求员工们学会说话。说话谁不会呢？不，其实真正会说话的人不多。钱巍觉得在一个公司里，哪怕这个公司有最平等的气氛，但他毕竟只有每天 8 小时和大家在一起。相互认识之前，他们都已经有了各自的生活经历、家庭背景、习惯行为，这些决定了每个人性格都不一样。在中国的文化里，讲真话常常不讨人喜欢，所以八面玲珑、阿谀奉承、嘴上说一套心里想一套的人，有时反而在公司很吃得开。但这一套，却在 Vsquare 行不通。

钱巍要求大家：第一，在职场要说真话。对客户产品的看法要说真话，对自己的工作思路要说真话，员工之间的工作交流要说真话，看到别人的工作错误更要说真话……如果发现不说话或者说假话，钱巍认为这个人不适合公司的环境。

第二，不可以说大话虚话。有些人说我不说假话，但是说真话会得罪人啊，那我就打哈哈吧。可是都说别人愿听但对工作无益的话，那跟说假话有什么区别，难道空话比假话性质要好一些吗？

第三，要说准确的话。针对自己的工作，如何去认识？如何去执行？要认真思考后，形成合适的语言准确表达，不要用那些含糊不清的词语给工作伙伴带来困扰。

第四，未经自己亲眼所见亲耳听到的关于公司、关于同事的传言，不可以在公司传播。公司的女孩子多，这方面尤其要注意。他希望每个在公司工作的女孩都简单大气，做一个有格局有眼界的人。

团队沟通必须透明。

在 Vsquare，不鼓励不强调个人业绩，只有团队成绩，每个人的工作只是工作程序的一部分，团队接到新产品任务后，完成产品就是共同目标，按照分工，要将总体任务分成几个部分，每个人做好自己的部分，并让团队成员及时了解自己那部分工作的进展，以便跟其他部分无缝衔接，最后达成项目的需求。所以钱巍要求，在整个过程中，所有人的工作方式和想法都是透明的。

身为团队的一员，所有人的行动和结果都是双向的。主动沟通的一方，使用的语言、脸上的神态和身体的动作，要表达诚恳的意愿。接受沟通的一方也要学会

上面是办公区，下面是员工餐厅

倾听，他要求倾听的一方除非手头的工作放不下，否则最好抬头看着对方，表达对对方礼貌的态度和尊敬的意愿，并及时准确做出反馈。

钱巍认为，及时反馈是公司工作透明标准的一个重要内容，因为他们公司主要是做产品，每个产品都有严格的时间规定，每个环节都要准时完成，如果沟通脱节造成延误，那么耽误的就是整个产品的完成，结果会导致无法给客户交出产品，甚至影响客户门店的及时开店。所以钱巍要求接受沟通的一方对同事提出的问题必须及时做出反馈，而且这个反馈要让团队所有的人能看得见，它可以是文字的形式，也可以是言语的形式。Vsquare 的每个小团队一般也就三四个人，大家的办公桌也基本在一起，言语的沟通在对方听得见、听得清楚的情况下也是有效的。但是反馈后对方是否听明白并是否执行了任务？这需要提出反馈意见的人及时跟进，他不能谈完自己的意见之后，就觉得这件事跟自己没关系了，必须让双方在时间、地点、人物、事件上都互相明确。A 表达完后需要 B 的反馈，B 反馈后 A 也要给出回应，有疑问一定提出来，最后达成"我知道了""我做好了"的共识。

建立彼此完全信任的关系，主动对团队负责，在如今即时通信工具如此便利的情况下，为了保持团队沟通的及时顺畅，Vsquare 每个团队还以项目为中心，以微信平台为记录工具和沟通工具，将项目有关的内容、要求、时间、重点、进度和管理全部发在群里，参与项目的团队全部是这个微信群的成员，这样所有人都可以实时看到项目的进展，达到透明沟通的效果。

中国企业像钱巍这样把所有工作放在透明环境中处理的也有，但一定不是很多。因为出于对权力和利益的执着，有些企业家认为神秘和独控信息更能提高企业的运转效率和效力。但钱巍却认为，在目前这种互联网独大的信息时代，试图限制信息的自由流动已经行不通了。反过来还不如打造公司坦诚文化的建设，使它成为企业一种新的内生力量，使企业更有竞争力。

透明化管理及建立与客户、员工的坦诚交流，可以拓宽领导人的思考角度，遏制狭隘的群体思维。至少在创立公司这 20 年，钱巍觉得以此为原则推动企业运行，取得了预想的效果。比如说，中国经济高速发展的这后 30 年，其实伴随着发展出现了非常多的不良风气：请客送礼，贿赂贪污，弄虚作假，隐瞒欺骗，为了目的不择手段……但是因为钱巍公司的客户的单一性和纯洁性，特别是国际化大公司的规范化管理，所以他避免了许多民营企业在经营中遇到的避之不及的陷阱。更重要的是，通过透明化管理，公司 20 年来一直保持纯洁的工作作风和良性的发展方向。

严一点：正确的事是不给错误 1% 的概率

由于人性的局限，社会中大多数人很容易被拉向黑暗的一面，因为与我们的本性相比，环境力量和群体动态对人的行为有时起着更大的作用。组织中的道德问题并非源于一小撮害群之马，而是源于那些有意无意建立的一些制度或诱使成员犯错的环境。意识到这一点，对于公司管理意义重大。

由于受家族的教育，以及自己的价值观影响，他非常重视公司员工的廉洁自律。说起来可能有人不相信，公司创立 20 年来，钱巍没有为公司的业务请过他的客户吃饭，也没有接受过他的供应商的邀请。需要澄清的是，钱巍这样做的目的，不是他要在公司营造一种不食人间烟火、故作清高的形象，主要因为他是一个不喜欢应酬的人。到目前为止，他还不会喝酒也不喜欢喝酒，当年也是因为他不喜欢喝酒和应酬，他拒绝了尼古拉斯第一次邀请自己加入他的公司担任老总的请求。有了自己的公司后，他的个性也没有改变，可是现在这样一个在饭局上谈工作、签合同的社会，那么他的业务是怎么从几百元做到现在年收入的五千万的呢？

　　带着这个问题，我不仅问了钱巍，也问了他公司的几个骨干员工，他们都说确实如此。其中一个是客户部的骨干 Karen，她是跟客户接触最多的员工之一，是钱巍在公司中最早给了员工股份奖励的人，可见她的出色及受到的信任。当我直率地把这个问题抛给她的时候，她说确实没有过以公司的名义请过客人吃饭，只是工作时间长了，跟个别客户也成了谈得来的朋友，所以会约着一起喝咖啡、吃饭什么的，但都是自己掏钱买单，或者 AA 制。曾经有过一两次，他们手头有一张面额不超过 1000 的消费卡，想约客户一起去健身消费，但被客户拒绝了。因为客户是美国品牌，是国际上享有盛誉的集团企业，而美国又是目前世界腐败指数水平最低的国家之一。1962 年他们就有了《有组织的勒索贿赂和贪污法》，这是美国最重要也最有效的反贪污贿赂法律。1977年他们又颁布了《对外行贿行为法》，并于 1988 年进行了修订。

　　正因为他们有严格的法律要求，并将严于律己化为公司文化，所以所有的工作都非常规范，钱巍他们工作起来也就轻松愉快，效率极高。

　　20 年的相交相处，也使钱巍耳濡目染，他非常喜欢也非常享受客户的工作方式，这跟他的价值观和性格非常契合。因此在公司他也建立了严格的管理制度，对客户的层面，他们不需要也没必要请客吃饭，更没有贿赂送礼这类事情的出现。对公司的供应商也同样如此，20 年来，不仅他自己从来没有拿过供应商的回扣，也没有收过供应商的礼物，对其他员工也决不允许，这个要求在公司是高压线。

2017年，一位在公司工作了18年的元老级员工一个星期内被辞退了，因为他拿了供应商3万元的回扣。

记得那天我们聊到这个话题，钱巍笑着跟我说："你进来的时候有没有看见一间很大的空的办公室，那间办公室原来是公司的副总，可是我让他走了。"他说这话的时候，没有表现出很生气，也没有让人感觉得意扬扬，反而一派随意自然，如同跟人谈到他昨天的晚饭吃什么菜一样稀松平常。

那么事情的起因是什么？

在我的追问下，他跟我说起了这个故事。那间面积仅次于他办公室的主人是跟他一起共事了18年的老员工，是他创业开始不久从尼古拉斯的公司过来的。那时他的公司增加了财务部和电脑部。尼古拉斯的公司已经面临解散，他接受了一部分过去的老同事。

这个同事跟他一起打拼，勤勤恳恳一起经历了18年的风风雨雨，见证了公司的成长，也深知钱巍的为人和公司的规矩，自己也当上了公司的副总兼制作部的老大。制作部主要负责产品的后期及公司所有材料的采购，所以直接跟各种供应商打交道。有一次，针对一批有点问题的材料的处理，钱巍的态度是必须退货，但这个副总却一直在帮供应商说话。在钱巍的坚持下，这批货最终是退掉了，但他敏锐地意识到有问题，他觉得这个副总的态度已经偏离了公司的立场和公平公正的做事方式。于是有一天，他把供应商找到自己的办公室来，问供应商："你有没有给过我们公司员工回扣，你可以有三个回答：有，没有，或者不知道。但是如果你说'没有'的话，以后我知道有，我会扣掉你给过的所有的回扣，还会新账老账一起算，取消跟你们公司所有的生意往来。如果你说'有'的话，那么我不怪你，因为你们公司有你们公司的文化，你们要送，我无法阻止你，但我们有我们的文化，不能收就是我们的文化。当然你也可以说'不知道'，如果你不知道，就请你去问问你的老总和其他跟我们有业务往来的人，他们有没有送？如果有送的话送给谁了？了解清楚然后再回复我。"

钱巍还说："我是这个公司的老板，我要对我的公司负完全的责任。我的供应商不是你一家，我也不是只对你一家有这样的规定。我对所有供应商一视同仁，我们通过公平协议订立合同，我既不会把你们的价格压到最低，也不会拖欠你们的货款，我只需要你们遵守协议，给我的材料品质要符合合同的标准。这是一个良性循环，我给你合理的价格，你给我高质量的材料。客户给我合理的价格，我给他高质量的产品。如果我的员工收了你的钱，那么性质就变了，以后我的材料质量无法保证，一切都会改变，前面的事也就白做了。所以你们以后也要尊重我们的文化和制度。"

　　钱巍的话说得严厉干脆，供应商沉默了一会儿，然后说了对不起，他确实送了某某副总 3 万元。

　　接下来钱巍直接找这个副总谈话，跟他说："对我来说，这个不是 3 万还是 30 万的问题，是拿了还是没拿的问题。你应该比任何人都清楚地知道我的为人和原则，我绝不允许我们公司有这样的事存在。如果我默认了这个开头，就会发生第二次、第三次，那对我们公司来说也许就是灾难，所以我想对不起，你必须得离开。"

　　钱巍还跟他说："因为你拿了钱这件事情本身已经超过了我的底线，我没有办法当这件事没有发生过。你离开公司，我们以后可以继续做兄弟，但前提是我们没有任何金钱和利益的来往，纯粹是朋友。即使你说以后你不拿了，我也不能把你留在公司里，因为这件事情已经对公司产生了影响。"这个副总最终没有承认他拿过 3 万元，但是他收拾自己的东西走了。

　　事后，钱巍在公司的年会上通报了这件事情以及处理的结果，这让公司的不少人惊讶，有些人认为钱总的处理方式太过严厉了，毕竟是跟着自己一起创立公司打拼天下的元老，不过就是拿了 3 万元回扣，数字也不多。甚至有人在开会后直接来到了钱巍的办公室找他说："钱总，你真的让他走了吗？为什么不给人家一个机会呢？"钱巍说："对呀。"接着他对这名员工说："这件事我要跟你好好谈一下。你想想，客户部的人辛辛苦苦从客户那里接了单子，回来交给电脑部一步一步地设计修改，到了制作部已经全部 OK 了，然后发到工厂，协调工厂把这个单子印刷出来。而制作部的人却拿了前面所有人的劳动成果，这点你觉得能公平吗？这是第一。第二，大家做的事情在我内心已经给了每个人公平的待遇，比如说你和他做了一样的工作，你 2 万元一个月，他也 2 万元一个月，大家都觉得很公平，但现在他这个月拿了 5 万元。因为其中包含 3 万的回扣。你怎么想？你觉得公平吗？你来找我，你说换工作，换到制作部去。那我怎么做工作？"

这个员工听后说："对啊，如果是我，我就说我要换部门。"

钱巍说："所以我不允许这样的事发生，因为我必须对所有人公平。"

这件事，在他们公司，20 年来虽然是第一例，也是目前为止仅有的一例。但被供应商送回扣的事当然不是仅有这一例，可是有些员工的处理方式不一样。

在这个副总的事发生前两年，公司曾经出现过类似的事情，那也是在制作部，其实就是在这个副总手下工作的一个女孩。她家是做生意的，父母有一家小型的建筑公司，但是因为经营出现很大的问题，导致公司亏损严重，家里经济窘迫。那年春节，一个供应商送了她 5000 元，这个女孩把这 5000 元退还给了供应商。但这家供应商很执着，以为是女孩嫌少，于是老总亲自带了 2 万元到了女孩家里，硬放到女孩子家里就走了。

女孩拿着这2万元，感觉像个烫手的山芋，她很快去找了钱巍。坐在钱巍的办公室问钱巍怎么办？钱巍说："你把钱放下，我来处理，不要为这件事情焦虑，你做得很棒。"

之后钱巍就把供应商的老总请来办公室，跟他说："你看你给我们的员工送钱，让这个女孩非常不安，她把这个钱交给我了。我想告诉你，也许你没有错，但是我们公司的文化是不允许收客户的任何东西。"

他接着又说："如果你是因为这个女孩工作很棒，你想感谢她，那么我想跟你说，在我们公司，她的优秀不是她一个人的努力，是有一个团队在一起工作，只不过她是跟你对接的那个人。所以如果你要感谢，你可以把钱交到公司，然后让所有参与过这个工作的人都得到奖励。"

风清气正、简洁干净的员工关系

那个送钱的供应商有些不好意思，也

有些感动。钱巍又笑着说："如果你是觉得我给你的价格便宜了，你多盈利了 2 万元，可以给我们个别员工发奖金，那么我可能会要求你降低合同价格。另外，如果你是因为了解到我们这个员工家里有困难，出于怜悯之心表达爱和帮助，那么我代这个员工和她的家长谢谢你。但是我们的公司文化真的不允许这样做，因为我们从来也不给客人送礼送钱，我们至今做得非常好，公司员工团结，风气廉洁。所以请你理解我们的规矩，请你尊重我们的文化。"

一番话让这个供应商感慨不已，此后他们的合作更加透明、简单、有效率。这件事也为钱巍与其他供应商相处建立了模板，无论跟客户跟供应商相处都轻松简单，大家眼里都只关注工作，多好的事儿啊，何乐而不为呢。

这件事圆满解决了，但遗憾的是，事情就发生在那个犯错的副总手下，他非常清楚事情的过程和钱巍对这种事情的零容忍，不知道为什么他没有以此为戒，也没因为手下员工的高尚品德而受到感动，反而做了不应该做的事。这让钱巍至今遗憾，并深感人性对诱惑的抵御是很难的。

通过这些事，钱巍更觉得一个公司除了要有写在纸上的规章制度，以及表现在行动上的道德提倡，还需要有一定的奖罚措施，这也是他为了 3 万元采取了最严厉的方法——直接让这个副总辞职离开的原因，哪怕是跟他一起创立这个公司的元老，为公司的发展做出了巨大贡献的功臣。

　　不让或者尽量少让自己的工作出错，把错误减到最小。我们讲到了他对廉洁品质的培养和注重，其实让公司员工不犯错，钱巍当然还有很多办法，但是培养一个不长在污泥中的文化根基是根本的办法。

静一点：在各种变数中坚持做自己

　　读懂一个企业，我们要把它放在时代的大环境中。从 1998 年起心动念，到 1999 年创立公司，钱巍公司的发展见证了中国一个美好的时代。

　　1998 年，是中国经济腾飞的一年。中国政府调整经济增长战略，首先，实行积极的财政政策以应对亚洲金融危机。其次，将资金投入新技术和新产业研发。再次，加大国有企业改革，关停一批效益不佳的国企。最后，进行住房改革，商品房开始大量进入市场，房贷出现。这段时期中国各地区经济差距开始增大，沿海地区更被国外投资企业垂青，经济从此一骑绝尘。

中国 GDP 同比增速图

说明：2018年GDP同比增速数据截至三季度

　　2000 到 2010 年中国 GDP 增速达到 11%，这是因为 2001 年中国加入世界贸易组织，极大地推动经济快速发展。从图中，我们可以看到 2007 年中国 GDP 同比增速达到惊人的 14.2%，到了 2010 年，中国的 GDP 换算成美元后更是首次超过日本。2007 年至 2011 年中国经济增长速度相当于其他八国集团国家总和。

中国从 1990 年的 8 家上市公司至 2020 年 11 月达到 4087 家。《财富》世界 500 强榜单显示，1997 年，中国内地只有 4 家企业进入这个排行榜；2001 年，中国进入排行榜的中国企业达到 12 家；2020 年，中国内地和香港公司上榜数量达到 124 家。2013 年第一产业、第二产业和第三产业分别占国内生产总值的 10%、44%、46%，另外电子讯息产业占 4%、文化产业占 2.85%。中国经济增长动力从工业转向第三产业。

2008 年家庭收入或消费的百分比：最低的 10% 为 3.5%；最高的 10% 达到 15.0%。但到了 2012 年，中国中产阶级已经达 3 亿人，按照麦肯锡将年收入在 9 万以上的定义为中产的概念，瑞士信贷在 2015 年发布的《全球财富报告》中，显示中国已拥有 1.09 亿的中产。第三产业首次超过第二产业，占国内生产总值比重越来越大，2012 年国内零售市场超过 20 兆元，自 2013 年年增长率超过 12%。奢侈品市场也大大扩张，占全球 29%，出现一批拥有惊人购买力的人群，他们不仅在中国，也开始在世界各地买买买。

这批先富起来的人直接促使钱巍服务的雅诗兰黛（ESTĒE LAUDER）、海蓝之谜（LA MER）、希思黎（Sisley）等品牌在中国高速发展，盖璞（GAP）、维多利亚的秘密（VICTORIA'S

SECRET）这样的品牌纷纷入驻中国。这为钱巍的公司的发展带来了极大的壮大机会。

但我们的发展也因为经济发展模式的先天不足，导致过分强调 GDP 和地方官员的政绩，不惜牺牲生态平衡，造成环境污染等。同时，垄断行业的做大做强，造成日渐积累的社会不平等。而新兴企业的大量产生及欠缺企业文化的培养建设，影响员工的工作积极性和创造力发挥。

当你走进 Vsquare 公司，你会觉得有些不一样。整个公司布置简洁清新，各种绿植让你觉得仿佛进了热带植物园，员工工作台摆满富有个性的小装饰，桌上除了工作资料，还有不少有趣的书籍。

迎面而来的员工脸上都挂满微笑，他们说话声音柔和，走路步态轻盈。在这里，感受不到呆板的工作氛围，没有一丝压抑紧张，更看不到上海街上行人那种焦虑沮丧、心事重重的面孔。当时我在想，中国这几十年的发展积累的问题，没有在这个公司留下痕迹吗？他们到底跟别的公司有什么不一样？

通过几天的实地调查和采访我才发现，他们确实有很多不一样的地方。客户部确实是公司最重要的部门，但奇怪的是这个部门没有专门负责市场开发的工作人员，也就是说他们没有销售，不需要开发市场。那么他们怎么做到业务从几万元到几千万元？带着这个问题，我问钱巍。钱巍笑着说："是啊，我们公司没有开发市场的岗位。如果说有，那就是我一个人做了。"

从可口可乐、雅诗兰黛到希思黎、盖璞、维多利亚的秘密等都成为钱巍的客户，他是怎么做到的呢？他在中国经济发展竞争最激烈的时代里没有经历过危机吗？没有过被淘汰、被取代的时候吗？没有遇到过竞争对手吗？没有我们曾经在社会上遇到的各种陷阱诱惑和黑暗吗？

我们来看看整个 Vsquare20 年业务发展的历程。1999 年钱巍成立公司的时候，最初做的是可口可乐。一年后，他开始做雅诗兰黛的业务，怎么开始的呢？这件事非常重要，因为那里有 Vsquare 成功的关键。

1995 年钱巍离开花园饭店，到了马来西亚人尼古拉斯开的公司做市场总监。但他在花园饭店时期的业绩、口碑以及跟同事的友情还在。业绩高峰的时候，许多后辈都以他为榜样，一直关注和追随那个在花园饭店创下销售巅峰的钱巍前行的脚步。这些人虽然后来也纷纷离开了花园饭店，但他们却是中国改革开放培养的第一代真正具有国际企业管理标准，有极高职业操守、忠诚敬业的职业经理人，成了后期进入中国的各大国际企业争先抢夺的人才，他们目前遍布上海各大驰名写字楼。

其中一个同事，一直非常欣赏和尊敬钱巍，他们保持着持续的交流和友情。这个同事后来也离开花园饭店，加盟了雅诗兰黛。因此钱巍跟雅诗兰黛深厚的缘分来自这个同事的介绍。

俗话说入门靠师傅，修行靠自己。师傅可以带你入门，但正邪皆存于心，最终能否成就一番事业，靠的是像钱巍那样存谦卑正直之心，行光明磊落之事，像一个勤劳的工匠那样，兢兢业业把图纸上的一根线条也要画完美的人品。

因为时刻要求自己把线条画到最完美，哪怕就是 100 元的桌牌，钱巍也比另一家跟雅诗兰黛一直在合作的广告公司做得好，慢慢地新开店的业务就交给了钱巍，所以他就有了从几百元业务做到了几万元，从几万元做到几百万元、几千万元的发展历程。在这个过程中，雅诗兰黛看到了钱巍和他的同事兢兢业业的工作态度，而且十几年如一日坚持不变。除了雅诗兰黛（ESTÉE LAUDER）和倩碧（Clinique），集团还把旗下其他知名品牌如海蓝之谜（LA MER）、悦木之源（Origins）、芭比波朗（Bobbi Brown）、魅可（M.A.C）、唐可娜儿（DKNY）、祖·玛珑（Jo Malone London）、郎仕（LABSERIES）等全线带进中国，并把其广告业务全都交给 Vsquare。钱巍一统雅诗兰黛集团旗下所有著名品牌市场广告的江山，他的业务还包括了香港、台湾的市场，最近雅诗兰黛集团还把旗下 19 个品牌的中国口岸免税店的广告业务也全部交给了 Vsquare。

2000 年以后，随着奢侈品行业争先恐后地进入中国，进入上海这个摩登大都市，品牌公司需要更多的本地人才，于是最早进入雅诗兰黛中国公司的骨干员工，就成了整个上海滩上先后出现的其他时尚品牌公司猎取的对象，这些人先后成了钱巍最好的宣传员和合作对象。他们见证过钱巍工作的态度、服务和品质。到了新公司之后，他们希望最初能展现给新公司的工作业绩是亮丽的，所以绝对不敢用那些质量无法保证或者不信任的广告公司，因为如果一开始在新老板手下干活就出现问题，无疑会给自己的职业带来极大风险。这些国际品牌公司，特别是盖璞（GAP）、维多利亚的秘密（VICTORIA'S SECRET）这些有美国文化背景的公司，他们的组织机构与经营理念和雅诗兰黛大同小异，所以从文化的沟通和规则的认同来说，跟钱巍合作可以减少磨合时间，提高工作效率。

这些人为钱巍打开了广阔的市场空间。所以在开拓市场这方面，钱巍几乎没有主动去做过什么，但是他珍惜这些工作伙伴带给他的每一笔生意，因为他们是公司发展的衣食父母，他们的那份信任比工作在他的心里分量更重，他唯一能做的，就是要把工作做得更好，以此回报他们对公司的信任和认可。

但是公司的顺利发展，并不意味着钱巍没有遇到过竞争和挑战，事实上，在这个过程中多次有人向他们发起挑战，想取代他们。

1995年，雅诗兰黛集团从一家私人化的企业变成了资本市场的上市公司，进入21世纪之后，应资本市场的要求和集团全球战略的发展需要，雅诗兰黛集团对公司架构进行了重大改革，把业务重新划分为几大块，中国公司属于亚太区。Vsquare原来合作的对象是集团中国公司，而改革后，他们负责对接的对象从雅诗兰黛中国公司变成雅诗兰黛亚太区中国公司市场部。所有游戏规则都改变了，原来每年一次直接跟集团签合同，现在市场部管理所有供应商，所有合同要通过招投标才能得到，而且这个过程全程透明公开。

钱巍当然不怕投标，因为他对上海市场所有同级别的广告公司的实力和水准，以及自己在行业中的位置有比较清醒的了解和认识，所以每次投标他都能胜出。只是非常麻烦的是，这次改革以后，每年投标之前都要用三个月来准备，他觉得非常麻烦和浪费时间。连续两三年之后，他就跟雅诗兰黛市场部的人提出："以后我们每年投标合同，是不是可以两年一签，这样可以减少大家的工作量。"雅诗兰黛汇报集团之后，接受了他的这个建议，所以后来就每两年参加一次竞标竞争，为此其他的供应商还非常感谢钱巍。

但无论一年一次还是两年一次，竞争都是激烈的，以 2018 年的竞标为例。

这次参加投标的一共有 5 家公司，有一家公司出价比 Vsquare 高 17%，有两家跟他们报价差不多，还有一家公司的价格比钱巍的低了 21%。自然所有参加投标的公司都已经经过了首轮资格筛选。他们每年的业务量以及公司的设备等硬件都符合雅诗兰黛集团的招标要求，能参加投标的公司在上海也都是有实力的企业。

第一轮投标，雅诗兰黛市场部就把高出 Vsquare17% 的公司，和跟他价格差不多的两家公司淘汰了，剩下的是钱巍的公司和那家价格比他低 21% 的广告公司。雅诗兰黛的工作人员说："既然他比你报价低，我们就必须给他机会。"

最后跟那家公司比对的内容，主要是通过测评和市场调查，看哪家产品质量更好。测评主要是各出一张小样比对，市场调查包括对以往客户类别、品牌口碑、广告内容以及广告呈现的场所。

比对小样前，钱巍跟雅诗兰黛市场部的人提出了自己的看法，"如果每家公司打一个小样，我觉得不足以表现各自完全的水平，因为不能保证两家公司是否会拿自己的作品找别家顶级的印刷厂选最好的材料来做，所以我希望你们更注重以往的业绩和成品。"

对于市场表现，钱巍是有自信的，那时他已为雅诗兰黛集团工作了 19 年，19 年交出去的广告作品在全国各地已经有几十万平方米了，所以雅诗兰黛充分了解他们的水平。而对方服务的对象主要是国企和国有银行。这些客户对产品的要求跟雅诗兰黛集团有很大的不同，比如说银行的产品，他们同样展示在梅龙镇广场某大楼的产品，银行只要求他们校准自己银行的 Logo，对模特人物细节和其他细节都要求不严；但雅诗兰黛对其作品的设计，在色彩层次、光泽要求等方面都非常严格，而这个严格，某种程度上说，也是钱巍 19 年来配合雅诗兰黛，对自己不断提出高标准——高于雅诗兰黛标准至少 10% 而确立的。

同时，钱巍对达到雅诗兰黛标准的产品成本，心中比谁都有数，他常跟朋友开玩笑说，公司业务怎么做他可以完全不管，但财务数据他一定是最清楚的。所以他觉得对方公司报价比他低 21%，要达到他为雅诗兰黛确立的服务水准和产品质量，这个价格是不可能做到的。如果对方公司能做到，就不会今天还在做那些要求低得多的产品的广告。自己的服务和品质，不要说便宜21%，就是便宜 10% 质量都很难保证，所以钱巍觉得这是不合逻辑的。

如今世界上有三大顶尖奢侈品集团，一家是现在钱巍服务的雅诗兰黛集团，第二家是 LVMH 集团，第三家是欧莱雅集团。这三大巨头都将总部聚集在梅龙镇附近，钱巍姑且不说另外两家公司都来找过他，希望跟他合作。就他日常对他们这个行业在上海的市场合同标准，他知道自己的价格和另外两家公司的供应商价格都差不多。所以那家报价便宜 21% 的公司，基本上不可能达到这三家公司的要求。

钱巍有信心跟那家公司在业务上 PK，所以他主动跟雅诗兰黛市场部的人说："你们如果想给这家广告公司机会，可以给他做现在我做的一两个品牌，我不介意少做一两个品牌。半年之后再比对一下，看看最后谁做得好，你们再做决定。"雅诗兰黛的人听完钱巍的话说："钱总，我们从来没有把你跟他作为比对的对象，我们是把你作为一种标准，让他来跟你比对的。"

之后，市场部的人决定用悦木之源一季的产品，让大家分别做一个小样（灯片，相纸，软膜）交到市场部。这份小样交上去之后，采购部和悦木之源品牌代表以及两家竞标公司一起参加比对筛选，结果显然那家公司的小样的颜色跟 Vsquare 根本不是一个档次，那家公司被淘汰了。

钱巍目前在上海的世界三大化妆品集团的广告公司里已经非常有名，一般公司其实也不敢把他作为竞争对象。就说这次投标，一共 5 家公司，其中有两家公司印刷厂比他的工厂大很多，但是输了之后他们心悦诚服，因为他们知道钱巍的服务标准有多高。

钱巍公司员工的素质比别家公司高，其他公司的员工都是两三年换一批人，新来的人连品牌要什么（内涵）都不知道。可Vsquare 都是用在公司工作了 10 年以上的人服务雅诗兰黛集团公司的各个品牌。钱巍的公司实行的是师傅带徒弟的制度，这是钱巍从最初创立公司所定下的规矩。钱巍认为，就算你是个人才，也不是放到哪里都是"柴"，你必须像一个工匠一样，从学会使用第一把工具，画好第一道线开始，这些是不能投机取巧的，也不是两天三天就能养成的，需要长时间耐心地打磨。在公司工作的第一批人是最早的师傅，一点一滴地教会徒弟从如何跟客户对接到如何认识色彩等，公司就这样一直发展到现在共 50 个人。他们这十几年来一直做的就是雅诗兰黛这个品牌，执行的就是高出客户标准至少 10% 的公司标准，这个坚持了近 20 年的准则形成了公司每个人根深蒂固的审美文化和服务习惯，这是属于 Vsquare 独有的，是他们的财富。

钱巍觉得客户在选他们，但同时他也在选择客户。因为他知道，如果雅诗兰黛选择那家比他价格便宜 21% 的公司，只能说明一个问题——雅诗兰黛降低了自己的品质标准，那么这也就不再是他们 Vsquare 的服务对象。即使失去雅诗兰黛这个客户，他一点也不觉得遗憾，他只会为雅诗兰黛感到难过，因为他有信心马上可以去找另外两家奢侈品集团，并且他们会跟自己签合同。过去 LVMH 集团和欧莱雅集团都已经多次向他伸出橄榄枝，他之所以都拒绝了，同样也是因为对自己服务品质的坚守。他觉得现在公司只有 50 个人，做不了那么多的事情，如果无法保证自己的标准，他只能放弃，这就是钱巍的原则。

钱巍绝不会为了价格降低标准——十几年来他亲手创立的品质标准。他多次说过，他不会去做二线品牌，因为二线品牌对产品的质量要求没有那么高。他不能让自己的员工去做另外一个标准的东西，因为 Vsquare 公司的员工日复一日、年复一年只做一种品质的东西。他们已经习惯了这种品质，如果要他们去做了低标准的东西，之前的审美感觉会受到搅扰，坚守的标准就会产生变异，最后慢慢地就会放松自己对高标准的要求，而出现标准判断失误，这将直接导致他的标准下降，这是他不允许出现的情况。

比如说，这次参加竞标的两家公司的印刷厂都比他们的大，两家公司既做高标准的产品也做低标准的产品，质量也不一样。钱巍觉得如果像他们那样，自己今天要求员工做标准达到 100 分的东西，明天要求他们做 60 分的，后天要求他们做 80 分的，大后天又要求他们做回标准达到 100 分的东西，那员工们怎么做呢？

什么是 100 分的东西？钱巍说，比如一线品牌当季广告一个模特的出现，这次推广的是面霜，对这个模特的口红虽然并没有要求，但钱巍会依照总部过来的大样，对照口红色号，一直要把它校正到 100% 符合总部大样的颜色。如果大样中模特下巴的阴影有点生硬，Vsquare 会自觉地把它调整到看起来舒服的状态；如果大样对模特嘴唇的润泽度也没有具体要求，但是电脑部员工会把它修正到非常润泽好看。这些就是钱巍标准的那些高出 10%的部分——哪怕客户没有要求，但他们不能对自己没要求。

另外还有材质。克度越低的纸印出来的品质越差，上胶覆膜也有讲究，如果上胶不好就会起泡。客户一般对纸张和覆膜并没有具体要求，但是钱巍对自己有要求，每两年跟客户谈合同时，他就把自己的标准放进了价格里，客户接受了这个价格，他就要对得起这个价格，要对得起这个品质。从这个意义上来说，雅诗兰黛到目前使用的标准是钱巍通过 19 年的工作积累为他们制定的，而其他两家化妆品集团也参照了雅诗兰黛集团的这个标准。

近 20 年的合作，雅诗兰黛已经不对钱巍提标准了，但是钱巍知道对方需要什么。今天的钱巍可以自豪地说："我们制定了上海一线化妆品所需要的广告标准，我们制定了国际一线化妆品集团在中国广告市场的颜色标准、材质标准和价格标准。"

控一点：控制赚钱的欲望才能赚到钱

创立一个标准也许并不复杂，但 20 年来保持这个标准却是一件很不容易的事情，毕竟人是有惰性的，一件事情做久了，会形成习惯也会产生厌倦。可是无论从 Vsquare 的发展历程，还是从钱巍经营公司的价值理念，以及目前公司的发展势头、产品质量、员工状态，都可以发现他们保持了 20 年的这个标准至今未变。这一点无论是客户的反馈，还是市场的影响、同行的口碑都可以为他们做最好的见证。

这是令人惊奇和使人敬佩的，也是让人觉得不可思议和值得探究的，那么其中有什么奥妙，钱巍用了什么办法做到的呢？确实他有一个大秘诀，可就算是开诚布公地告诉大家这个秘诀，估计 90% 的企业家都做不到，因为秘诀很简单——就是控制赚钱的欲望。

公司创立初期，他就没有把公司的经营思想定位为做生意，而是要做企业，那么做生意和做企业有什么区别？

在他心目中，做生意是谋求公司利润的最大化，那么经营者一般会看重每年业务量的增加、利润的增长和成本的压缩，甚至有些企业为了追求利润的绝对增长，利用金融手段不惜背负巨额债务，有些不惜背弃自己的主业。这样的例子我们在中国看到很多，前有乐视，后有两面针，都是过早放弃核心业务，大举扩张投资自己并不熟悉的产业，导致其全线溃败。钱巍对这些公司的做法也有某种程度的理解，比如在公司创立初期，肯定比较艰难，甚至可能要举债度日，所以这个时期利润的最大化，可以保证尽快完成资金良性流动，给自己和员工对未来的信心。但理解不等于认可，钱巍确定自己不会做这样的公司。当公司刚开始只有两个人，需要增加第三个人的时候，钱巍首先增加的是一名财务。他觉得无论多么小的公司财务情况也不能含糊，只有有了科学严谨的财务制度，公司才能良性运转。另外，当公司发展到五至十个人时，他的流动资金和业务刚刚出现良性循环的时候，他立刻把自己公司的办公规模扩大了一倍，当时正逢隔壁的公司搬走，他马上把隔壁的办公室租了下来，这时候也意味着他财务成本增加三分之一，但是他有信心也将业务扩大不止三分之一。

上面说到在 2018 年雅诗兰黛公司的投标故事，钱巍说过假如当时雅诗兰黛选择那家同样很有实力，但报价比他低 21% 的公司，他不会太难过，即便难过也是为雅诗兰黛难过，因为他们改变了对产品的判断标准。这么有自信有底气，是因为他不愁没有新的同级别的客户。

　　高标准的产品是由高标准的人创造的。优秀的团队更需要时间打磨，通过完成一件一件优秀作品达到最好的团队状态。现有的员工 80% 都是工作 5 年以上的，工作 10 年以上也占 40%，而他们才是质量的保证。如果他选择扩张，接下另外一家公司的工作，产量会翻一倍，利润会翻几倍，可是只要品质不能保证与合同价格对应的水平，那他绝对会选择放弃。

　　"放弃"这个词，是我采访钱巍这几天来听到的频率最高的词之一。

　　这点也是雅诗兰黛采购部的人深知的，所以他们不敢冒风险放弃钱巍，而去选择一家表面看起来比钱巍报价低很多的公司。因为放弃，也可能意味着失去，他们的竞争对手跟他们一样，早已渴望 Vsquare 这样的公司成为自己稳定而坚实的合作伙伴。

　　钱巍还给自己定下了两个规矩，第一不接外单，第二不做二手生意。

　　20 年来，有多少雅诗兰黛集团之外的公司找过他呢？有多少人给他介绍过合作公司呢？钱巍不记得了，也没有记得的必要。就说 2018 年发生的一件事吧。香港屈臣氏要给全国 4000 多家门店统一换门头，他们通过盖璞（GAP）公司的一位采购找到钱巍，请 Vsquare 为这 4000 多家门店做店面形象设计和制作布置。钱巍拒绝了，面对坐在自己办公室的来客，钱巍很感谢他们的信任和善意，但他说："你们有 4000 多家门面，这是一笔可观的收入，我很愿意给你做，但是我不能做。第一，从时间成本来说，我做不到。因为据我所知，你们的产品跟我的机器不匹配。在业内，一般的印刷机一个小时制作产品的面积约 25 平方米，但是我们的机器一个小时只能制作产品约 6 平方米，只有一般印刷机四分之一的打印速度，所以我的时间成本就要乘以 4。第二，我们工厂既然是每个小时 6 平方米的打印速度，那我的材料成本也不一样。就像市场上的鸡，一只鸡养 3 个月的成本和养 3 周的成本是不一样的。我的成本差不多贵了 4 倍。我不能以你的价钱来做，而按我的价格你可能也不能接受。第三，我不会因为你这个单子换我的机器或者购置新设备，因为我的员工已经习惯做每小时 6 平方米的工作了。"

其实有些话他不想说得那么直白，他心里的原则只有一条，Vsquare 几十年如一日，做的是同一种高标准的东西，从来没有因为钱而降低过标准，他不想让员工们对标准的感觉钝化，最后变得混乱。

工厂也是这样，Vsquare 的工厂有同行业最高水平的机器，所以工厂的出品质量也保持在最高水平。工厂机器用的墨水是最好的墨水，印刷材料采用 UV 材料，这些是有利于环保、可降解的材料。这些都会增加很高的成本，在这个行业听起来简直不可思议，因为墨水这种东西你用什么牌子，没有人看到啊！但钱巍认为，没有人看到不意味着就可以欺骗自己，而且越是这样，为了避免假冒伪劣产品混入，还要用通过芯片认证有编码的墨水。诚实是什么？诚实就是在对别人诚实之前，首先要对自己诚实，而这恰恰是最难的。

当然也有人建议，在工厂做完雅诗兰黛的一线品牌的东西之外，买几台机器安排几个人做屈臣氏的产品。钱巍很坚决地说："不可以！"只要工人们做了低于原来品质的东西，他们就有不同的感觉。那么做完这一单以后呢？他们会回到从前吗？是否能回到从前先不要说，即使回到从前也是需要时间成本的。钱巍可以为此购置设备，并设一个团队专门来做二线品牌。可是如果一个公司有一线团队也有二线团队，他们对品质的认识不一致，就会打破公司原有的和谐平衡。钱巍觉得不能因为某单生意有诱惑就开这个口子，一旦开口允许有外单进来，按照他的性格，那就得一视同仁。

也有人说："你给我便宜一点，我不要求质量那么高，我急着要。"钱巍也说："不可以！不能保证质量标准的话，我花那么多时间培养出的工人素质不是打水漂了吗？"还有人说："你可以接下来转给别人做，赚点差价啊。钱巍说："这个更不可以，我自己都不做二手生意，为什么要转给别人做二手？"

权衡之下，他只有放弃。放弃4000多个门店或者别的生意，确实他少赚不少钱，但他心里没觉得这件事让他放不下，因为这样的事情对他来说太多了。

他说："人不能什么都要啊！鱼和熊掌不能兼得。但是如果有西瓜和芝麻，我选择西瓜。"他还打比方说："雅诗兰黛和屈臣氏，就像苹果和小米的关系，苹果公司为了多赚钱，也可以做小米这种产品赚钱，可为什么不做呢？宝马在中国几十万一台，宝马公司也能做低端的，但不做是为了保持品质。"

钱巍是学汽车专业的，也非常喜欢研究汽车，所以他说："买车我会买宝马或者奔驰，不会买奥迪。因为宝马公司的品牌有宝马、劳斯莱斯，宝马是最低端的；奔驰公司产品只有奔驰。奥迪好吗？好啊，可是它跟大众共享模块。因为技术要兼顾不同档次的产品，其生产线和部件就会有重叠。我不认可一个品牌做得太大太杂，我觉得会很难管理。"

听这话真是长见识啊！

说到他采用高品质材料这件事情，其实有人跟他笑谈过，说："你如果降低成本，因为你的报价很高，那么节省下来的成本不是可以变成利润吗？"钱巍不是傻瓜，他当然考虑过，但他一次也没有放纵这样的做法在他的工作中出现，他甚至不允许这种思路在他的脑海中闪过。是的，利润的最大化与降低成本有极大的关系。但是对他来说，如果他有两个选择，一是降低服务的品质，一年可以赚两千万，但只有一年生意可做；二是成本不能降低，服务不能降低，员工的工资也没有降低，一年只能赚到一千万，但可以一直做下去，那么他会毫不犹豫选择后者——只做赚一千万但可以长久的事情。他从来不把自己的生意眼光放在当下，雅诗兰黛集团从 1946 年创立到现在，历经几十年长久不衰，甚至每年的利润都有大幅增长，其中在最近的 2018 财年其净销售额达到了惊人的 137 亿美元，创 10 年新高，他们靠的是品质。为这样的企业服务，认同他们的品质，认同国际一线品牌的价值标准，他有信心自己也能跟着他们做几十年、上百年。如果一年赚一千万，要做几十上百年的生意，跟只做一年赚两千万的生意相比，谁赢了呢？谁是最大的受益者呢？这是钱巍的聪明所在。

可悲的是，在中国像钱巍这样，不注重眼前的利益更注重品质的企业家不多，因为这要眼光足够长远，心灵足够宁静，欲望少到可以抵御眼前的诱惑，太难了。像一个匠人一样从眼前的一点一滴看似无用笨拙的方法中，找到生活本质的快乐。

我曾经看过日本专门从事长寿企业研究的后藤俊夫的一篇文章，据他统计，在日本有一共有 260 多万家的公司，其中百年老店有 25321 家，超过 200 年的企业有 3939 家，300 年以上的有 1938 家，而 500 年以上的有 147 家。令人吃惊的是 1000 年以上的企业竟然也有 21 家。其中排名第一的最古老的企业叫作金刚组，是一家木结构建造的公司，创立于公元 578 年，是现在世界上存续历史最悠久的一家企业。从创业历史来看，它已经有接近 1440 年的历史，并且因此入选了吉尼斯世界纪录。

同时他还公布了世界各国百年企业的统计数值。我们看看表

中显示，红色的是超
过 100 年以上的长寿
企业。按国别来排序，
前 10 位依次是日本、
美国、德国、英国、
瑞士、意大利、法国、
澳大利亚、荷兰以及
加拿大。除此之外，

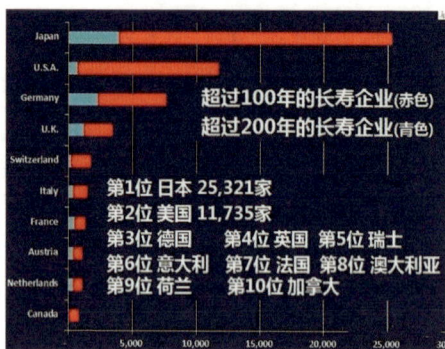

各国长寿企业一览表

世界上还有 136 个国家都有他们的百年老店。

这些国家的百年老店带来的不仅是名誉和商誉，还有巨大的 GDP 和众多的就业机会。更为全球层出不穷的新创企业树立了标杆，并推动国家经济的良性发展。下图中我们可以看到世界各国百年企业为本国经济发展创造的价值。

我们看到表上中国没有进入前 10，甚至不知道是否进入了前 20、前 30。可我们有 5000 年文明历史、古代四大发明和目前占据世界 1/4 的人口比例啊！更有庞大的消费人群和巨大的市场。我们为什么没有百年老店，这些年很多经济学家、社会学家在拼命挖掘百年老店，结果只找出同仁堂、全聚德等为数不多的企业，而且仔细看，这些谈得上百年老店的企业，没有一家是制造业。

看看我们身边的企业家，从大到小，都在借钱，为了借到钱甚至不择手段。大家都想着如何用别人的钱赚大钱，一方面是赌徒心态，另外一方面也是经济环境的扭曲。可是暴利并不能让企业家安心，他们还想如何更快地赚钱，如何赚更多的钱。只要符合快速赚钱的目标，企业就会频繁转换主业，频繁地开公司、关公司、兼并公司。这些赚惯了快钱的人，怎么会习惯赚慢钱，怎么拒绝到嘴的美食？所以像钱巍的 Vsquare 这样，零负债率，20年只做一件事，不捞外快、不做转手生意的企业，极为稀有。

但好在它能生存20年，并且利润在逐年增长，做的品牌越来越多，从老板到员工，幸福感越来越强。这要感谢改革开放40年，让像雅诗兰黛这样的众多国际巨头不仅把好产品带进中国，更把先进科学的管理方法带到中国。让不急功近利、不好高骛远、不见异思迁、不爱送礼和应酬的钱巍有了做大做强的机会。

深一点：深度够了，才有长度

花了 20 年时间在一个行业，甚至在一家公司挖下一个深坑，播下种子，然后慢慢地培育它长大。在成长的过程中，精心培育，细致呵护，科学管理。随着时代的变化，更新思路，勤勤恳恳，砥砺前行。一粒种子越长越大，变成了一棵粗壮的枝繁叶茂的树，这就是钱巍的 Vsquare 跟雅诗兰黛的关系。

即使是树长壮了，钱巍也没有因为这树能为自己遮风挡雨带来福祉而停止成长的步伐。他每天的眼光，仍落在这棵树的树枝、树叶和树干上，思考自己和团队如何努力才能给它带来新的能量。

这种正向的思考不仅滋润了雅诗兰黛，辅助了他们在中国的蓬勃发展，培育了公司团队跟雅诗兰黛工作人员的良性关系，更重要的是他滋润了自己。

2011 年 11 月，美国盖璞（GAP）集团进军中国，他们把第一家店选择在北京。开店之前，GAP 中国公司采购部的一个员工是从雅诗兰黛采购部过去的。这名员工在雅诗兰黛就已经跟 Vsquare 客服部有良性的互动，对 Vsquare 的工作方式和产品品质很了解，彼此间建立了信任关系。所以他很有信心地把 Vsquare

GAP 广告海报

推荐给自己的新老板。

经过 GAP 的调研和考核，Vsquare 成为 GAP 在中国合作的广告公司的不二之选。

这份工作钱巍很愉快地接受了，因为这符合他选择合作伙伴品牌独立、产品线单一的原则。

2011 年 GAP 选择在北京同时开两家店作为他们的开始，当时中国市场还属于 GAP 日本公司负责。那时日本是 GAP 在亚洲开店面积最大、业务发展最好的国家。为这两家店的开张，GAP 日本公司来了几十个人。钱巍从 GAP 日本团队来的那天开始，全程跟随，一起待了 20 天，深入仔细地观察了 GAP 开店的全过程。

钱巍是自己一个人到北京的，他没有带公司的任何一个人，这种做派大概也很不像老板，但钱巍就是那个常常不把自己当老板的人。他的想法是公司员工一个萝卜一个坑，每个人都有具体的工作。再说其他人不会日语，没法沟通。最重要的原因是，公司所有新合作的品牌，他都是公司第一时间了解研究新客户的人。

那 20 天，他基本上是每天只睡四五个小时，跟着 GAP 企划部和市场部的人从画面设计、橱窗设计，从服装分类到店铺放置区域的划分，从成人、青少年、儿童、婴幼儿等专柜的摆放，再到各种品类的相互关系，从颜色和款式的关系，到各种专柜的过渡和协调等方面，全面了解 GAP 的文化和员工的气质，再到具体的技术操作，一直到自己把这些有形无形的东西完全吃透。

GAP 的业务跟他以往所做的雅诗兰黛的业务有些不同，雅诗兰黛每季的广告通常由总部发到世界各地分店，样片只有几份，广告公司的工作就是根据样片中的模特，以及当季产品的颜色，校准调好之后，把样片交雅诗兰黛中国公司采购部认可。之后 Vsquare 制作部安排到工厂再次调色和印刷。然后根据全国几百家专柜和店铺的不同规格尺寸打印出不同的产品。所以他们的工作重点在后期。

但是 GAP 不一样，GAP 每季新产品出来的时候，他们会有几十个不同年龄和形象的模特的样片需要调整对色，所以工作重点在这个阶段。调完之后，GAP 要求用相同尺寸制作一批成品。因为他们的店面基本是规格化的陈列，广告公司确保调色准确，然后批量制作，所以 GAP 的工作难点在前期。

针对 GAP 的工作特点，Vsquare 公司必须在 GAP 新开店面前期即出店面平面图后，就要跟进勘测。他们首先需要了解 GAP 在这个店总的方案和计划，然后测量每一面墙、每一个橱窗和灯箱的尺寸，拍照，将这些数据带回公司，之后根据店面的平面布置图和 GAP 当季的广告样片，对店面的总体进行广告设计，接着把方案报给 GAP 公司，同时准备下一步工作。GAP 在全中国有 200 多家店，钱巍的员工，在 GAP 开店之前都跑过这些店。

　　Vsquare 其实是可以只拿客户给的平面图先做总体设计的，但这不是钱巍的做法，依照他的五星级服务标准，如果只拿店铺平面图，没有深入店铺实地勘察，怎么能给客户意见呢？怎么能做出合理的设计呢？比如在有些不同年龄服装或者类别的交界处设计了一个灯箱，他们必须要在现场看到这个灯箱摆放在那里的感觉，根据人流的走向做出判断，给出合理的建议。收银台的后面都有背景画面，他们会根据收银台的位置，设计安装有针对性的广告。他们承担了 GAP 市场部的一部分工作、视觉管理的一部分工作，甚至还有预算的一部分工作。

　　每年年底，他会依据上一年的工作做一份每个店广告制作成本表交给他们，以利于他们做新一年的总结和预算（雅诗兰黛也如此）。因为他们集团总部每年要预算，他们要有数据，这些数据本不是 Vsquare 的工作范围。说到这一点，有人可能会误认为，钱巍你很聪明啊，你把这些数据给他们不是有利于你明年在这个数据之上签合同吗？钱巍说："这点我没考虑，我只是考虑到他

们做预算需要这些数据，因为 GAP 公司跟我们签合同不需要这些
细分数据，只要一个总数就可以了。但是他们中国公司要往总部
报的时候，如果没有每一个店、每一季产品的细分数据，怎么去
问总部要预算呢？怎么知道明年要增加多少广告宣传费？这些数
据他们公司自己没有统计分析，所以我做了提供给他们，对市场
部来说是一个很宝贵的资料，减少了他们的工作量，也体现了我
们主动服务的品质。我相信除了我们以外，没有一家广告公司会
帮客户做这些数据分析。"

其实员工也有因工作量增加而抱怨的，他们觉得这部分不是
Vsquare 分内的工作，为什么要做啊？钱巍却说："你为客户做
得越多，客户会越依赖你，你的工作会越轻松。

合作久了，诸如此类怎么展现广告及具体陈列物的关系，让
广告呈现出最大的效应，GAP 都是交给 Vsquare 来把控。要做好
这个工作，后面要花的功夫就多了，技术含量非常大。但钱巍很
乐意为之，他觉得这是极好地提高公司员工的空间感和审美能力
的机会，公司需要这样的人才。

因为他们的深度介入，以及着眼于每个细节的服务，他们公
司在 GAP 对于广告和店面布置的话语权非常大，钱巍非常珍惜并
感激。但他同时知道作为供应商，客户给的话语权是把双刃剑，
用得好如虎添翼，用不好，位置摆错了，在客户面前自以为是了，
不仅失去信任，还会失去工作。

从最初 GAP 在北京开了两家店，到他们在中国开了 120 多家店，钱巍和 Vsquare 已经陪伴 GAP 中国公司走过了 8 年，现在的合作区域还扩展到香港、台湾。

客户公司将任何品牌的业务交给 Vsquare，第一个跟他们对接的都是钱巍本人。钱巍会自己跟着品牌一段时间，然后带团队去跟，最后完全交给团队。这样做是为了深入了解客户公司的文化、产品的特性，以及他们的要求，据此才能在公司做出对应的调整，组织合适的团队，这是对品牌负责。他不可以什么都不知道就叫下面去做，如果他不了解，怎么能跟客户交流？跟员工交流？怎么分辨公司做出的产品是好是坏？同时他很重视自己亲自体验得到的感觉，只有拥有这种感觉，才能保证对此后的合作有完整的认识和正确的判断。这个工作无法通过第三者代替和完成。

2016 年，钱巍的客户名单又有了新的拓展，包括美国的维多利亚的秘密（VICTORIA'S SECRET），法国的顶级化妆品牌希思黎（Sisley）。

那棵原本深耕在雅诗兰黛集团里的大树，如今嫁接上其他的优良品种，钱巍带领 Vsquare 所有员工一如既往地精心耕种、施肥、浇水、剪枝、收获，他们每年采摘到的果实也越来越多，越来越好了。

第四章：
匠人之花，纯然通透

⊙ 精耕细作，逐步扩张
⊙ 一流客户是企业最重要的资源
⊙ 信任与界限
⊙ 进退随一
⊙ 嘉奖与肯定

精耕细作，逐步扩张

钱巍常常会说这么一句话："感谢我遇到了一个好客户——雅诗兰黛集团，因为我想做好品质的东西，但是要有客户正好有这个需求，如果没有这个需求，就不会有这样的市场，那么我的理想是不可能实现的。所以一流的客户是企业最重要的资源，我们特别感谢遇到雅诗兰黛！"

钱巍的人生真像有神相助，上海交大汽车专业毕业后，立刻进入日本大仓集团的花园饭店，工作的那四年对钱巍的职业观念、职业行为和道德操守的培育恩同再造。日本直木奖获得者邱永汉有句相当有名的话："日本人是匠人气质，中国人是商人性格。"作为匠人最典型的气质，是对自己的手艺拥有一种近似于自负的自尊心。这份自负与自尊，令日本匠人对于自己的手艺要求苛刻，并为此不厌其烦、不惜代价，但求做到精益求精，完美至臻。用了四年，钱巍学到了这种精神。

又用了几年，他跟着尼古拉斯学习了创业做生意，获益于尼古拉斯的友情，并得到了"Vsquare"这个公司的名字——一个他非常喜欢，能给他带来好运气的名字。

雅诗兰黛集团是他遇到的第三个贵人，也是给他阳光雨露最多的伙伴和朋友。

对"雅诗兰黛"这个名字，凡是对化妆品有点了解的都会知晓，她代表品质、高端，更是优雅的象征。雅诗兰黛小棕瓶，曾经掳获过多少女人的心，抚摸过多少女人的脸。

我们来看看雅诗兰黛的惊艳历史。

1946 年，雅诗兰黛夫人许下"为每个女性带来美丽"的愿望，与丈夫约瑟夫·兰黛一起创立了雅诗兰黛品牌，成立了以她名字命名的公司，推出了她的第一款产品——由她当化学家的叔叔研发的一瓶护肤霜。而在这面霜被贴上雅诗兰黛商标之前，它已经赢得了一群忠实粉丝。1953 年，当具有革命性意义的 Youth-Dew 香水被推出之时，雅诗兰黛公司已经赢得了不断创新，精于研发，品质优良的美誉。

在很长的时间里，它只是一家普通的家族企业，只有雅诗兰黛这一个品牌。1958 年，雅诗·兰黛夫人的儿子莱

雅诗兰黛有名的"小棕瓶"

纳德·兰黛进入雅诗兰黛公司，他意识到产品单一将给企业带来巨大风险。于是他在 1968 年推出了雅诗兰黛集团的第 2 个品牌"倩碧"——一款经过抗敏试验、不含香精的美容护肤产品。倩碧在上市不到 20 年的时间，就为雅诗兰黛集团带来了近 20 亿美元的回报。1990 年，为适应全球环保潮流，雅诗兰黛又推出一款纯天然植物配方，而且所有包装都可以回收利用的产品，它的中文名字叫悦木之源。

1995 年，在莱纳德·兰黛的策划下，雅诗兰黛公司上市，从此开启其美容帝国的版图。除了之前的雅诗兰黛（ESTĒE LAUDER）、倩碧（Clinique）、悦木之源（Origins）之外，他们收购了海蓝之谜（LA MER）、魅可（M.A.C）、芭比波朗（Bobbi Brown）、汤姆福特（Tom Ford）等高端护肤彩妆品牌，以及祖·玛珑（Jo Malone London）、杰尼亚（Ermenegildo Zegna）、唐可娜儿（DKNY）等香水品牌。现在，雅诗兰黛集团旗下已经拥有 30 个品牌。

2004 年，第三代掌门人威廉·兰黛继任 CEO。不过，在父亲与家族的荫蔽下，威廉·兰黛始终没办法施展拳脚。2009 年，威廉·兰黛果断聘用了曾在宝洁工作长达 23 年、担任宝洁全球快餐部总裁的法布里西奥·弗雷达为雅诗兰黛集团的 CEO。而这位 CEO 从 2009 年接手雅诗兰黛集团以来，表现令人惊艳。他带领集团实现 50% 的累计销售增长，并让雅诗兰黛集团的市值从

270 亿美元增至 547 亿美元，总收益从 2010 年的 78 亿美元已攀升至 2017 年的 136.8 亿美元。

目前，标有雅诗兰黛（ESTĒE LAUDER）字样的产品，受到全球 100 多个国家用户的青睐。历经半个多世纪，它以领先科技和卓越功效在全球赢得广泛美誉。雅诗兰黛的护肤、彩妆及香水产品系列已在全球 130 多个国家销售。

西奥·弗雷达指出："尽管面临宏观问题和潜在的经济风险，中国消费者对高端美妆的需求依然强劲。"

这个强劲的增长数据，也有钱巍和他的 Vsquare 公司为之做出的巨大贡献。我们通过雅诗兰黛在中国的发展和钱巍公司的发展看看他们的相交相处。

1993 年，雅诗兰黛公司进入中国市场。当时只有雅诗兰黛和倩碧两个品牌，第一家店开在了上海的伊势丹，从 1993 年到 2002 年这 10 年的时间里，雅诗兰黛仅仅在 7 个城市的 9 个百货商场设专柜销售。

1999 年，钱巍结缘雅诗兰黛，那时他们在中国只有 7 家雅诗兰黛的专柜和 6 家倩碧柜台。公司的名字叫雅诗兰黛远东有限公司上海代表处，亚太区总部在新加坡，钱巍开始为他们做桌卡和立牌。2002 年，雅诗兰黛正式成立在中国的全资子公司，并开始直营雅诗兰黛品牌产品。这时钱巍已经包揽它旗下两个品牌在中国所有的广告设计制作。

雅诗兰黛中国公司开始进入了高速发展期，2003年，雅诗兰黛在中国的专柜数量就已经翻了一番，达到了23个。2005年5月雅诗兰黛亚太区总部从新加坡迁入上海，同年11月，雅诗兰黛将旗下6大品牌引入中国，并继续与钱巍合作。11月，雅诗兰黛在上海成立研发中心，这是雅诗兰黛在全球设立的第7个研发中心。

而现在雅诗兰黛集团仅仅雅诗兰黛品牌在中国就有230家店（柜台），雅诗兰黛的丝芙兰品牌在中国有200家店（柜台），倩碧在中国有170家店（柜台），倩碧的丝芙兰品牌有100多家店，雅诗兰黛集团其他的品牌所有的柜台加起来超过2000家。所有专柜的店面形象、灯箱、背景设计、制作、安装全部是由钱巍的Vsquare公司负责。

1999年，雅诗兰黛远东有限公司上海代表处只有10多人，办公面积大概50多平方米。钱巍的Vsquare正式做雅诗兰黛店面设计时，也差不多是10人，办公面积大概20平方米。现在雅诗兰黛总部在中国的名称为雅诗兰黛上海商贸有限公司，已有员工3700多人，办公地点在位于上海最中心的静安嘉里中心有3层办公楼。钱巍公司的面积也增加了3倍，人员增加了4倍，但工作量增加了不止100倍。

最初的时候，Vsquare只做了雅诗兰黛和倩碧两个品牌，13家柜台。2005年，承接了芭比波朗（Bobbi Brown）、海蓝之谜（LA

MER）、魅可（M.A.C）等品牌在中国的所有专柜。2019 年，他们承接了雅诗兰黛进入中国的全部品牌和雅诗兰黛集团在中国内地、香港、台湾口岸免税店的全部品牌的设计广告、制作安装。

雅诗兰黛上海研发中心的成立，以及 2005 年 6 个新品牌在中国同时推出，迅速占领了中国的高端化妆品市场，使雅诗兰黛中国业务进入了飞速发展的新时期。随之，钱巍的 Vsquare，无论从质到量也进入了一个崭新的时期。

最初跟雅诗兰黛的合作，钱巍的公司主要负责雅诗兰黛店面的形象设计，印刷的部分委托给外部的专业印刷厂。10 年过去后，2011 年，钱巍发现，一家承接 Vsquare 印刷业务的主要供应商的设备已渐渐落后，导致他们的产品不能在上海同类产品中占据领先位置。这个问题最初是钱巍在上海顶级百货店安装布置专柜时发现的——雅诗兰黛的竞争对手兰蔻和迪奥在同商场的广告展示质量跟自己公司做的在视觉上不一样，他们的看起来更漂亮一些。钱巍立刻进行市场调研，他发现，承接迪奥和兰蔻印刷业务的印刷厂的印刷设备已经更新换代了。他及时把这件事跟雅诗兰黛的各大品牌经理进行反馈，但是雅诗兰黛反应不是那么积极，似乎他们对这件事并没有那么着急。钱巍没有跟进追问。

不过很快商场的管理者也意识到这个问题，他们同时跟钱巍和雅诗兰黛集团提出疑问："为什么你们是同档次的化妆品，可他们的看起来更好看呢？"百货商场的反馈很快传到雅诗兰黛品

牌总监那里，对于雅诗兰黛集团来说这是必须重视的事，商场的
反应就是顾客的反应啊。于是他们想起钱巍曾经给他们提过的意
见，赶紧把钱巍找来。钱巍就把自己做的市场调研如实跟雅诗兰
黛公司说了，并且提出了自己的建议。他说："我理解你们如果
要突然增加预算恐怕不容易，我的建议是我们先从重点店尝试，
然后到 A 级店，逐年增加。这样我们既能保持水准，又不会一下
给你们增加审批预算的障碍。"

　　雅诗兰黛接受了他的建议，于是钱巍又去跟合作印厂商量，
那时这家厂约有 50%~90% 的工作量是 Vsquare 给的，以往钱巍

的意见他们都非常重
视，但这次钱巍看到他
们对一次性更换设备非
常顾虑。当然他还有另
一个选择，就是去跟印
刷迪奥、兰蔻的印厂合
作。虽然广告属于产品
后期，雅诗兰黛对后
期产品并没有保密的要
求，但钱巍觉得不可以，
他要保护自己服务的品
牌，在自己的工作环节

雅诗兰黛品牌在上海大丸百货商店的巡展布置

不能出现问题。

他觉得是时候该考虑建厂了，于是他购进当时与雅诗兰黛产品最匹配、最需要、质量最好的设备，创建了自己的印厂。

有了这家印厂以后，Vsquare 公司的工作如虎添翼，可以更准时、更高效地做好雅诗兰黛各个品牌的工作。同时，由于一开始钱巍就为工厂配备了高标准的机器，建立了科学而严格的管理制度，坚持用经过培训的具有高职业操守的工人，这样既保证了工厂与时代高水平印刷技术的同步发展，也提高了整个公司的市场竞争力。

这个印刷厂的建立对钱巍以前合作的供应商是一个很大的触动，他们意识到自己最大的客户恐怕要离开之后，也与时俱进地改善了自己厂里的机器设备。于是钱巍也没有因为自己有了印厂就把所有印刷品放在自己厂里。他根据工作量的不同，大概会把30%~50% 的工作委托给原来的工厂。这样做的目的，一是他考虑把所有鸡蛋放在一个篮子里风险比较大，无论是自己的厂或合作的厂哪一方出了问题，他都有另外一方可以保证正常出品；另一方面也是出于成本的考虑，如果工作量少的话，自己的印厂不会有成本的压力。

一流客户是企业最重要的资源

随着雅诗兰黛在中国的飞速发展，钱巍的 Vsquare 也不断完善，并且变得更强大。钱巍觉得是雅诗兰黛滋养了自己，富裕了自己，壮大了自己。而自己也在这 20 年中，支持了雅诗兰黛，维护了它，完美了它。

20 年来，钱巍觉得 Vsquare 在面对无数比他有名、公司体量比他大、印厂比他更好的竞争者时，还能立于不败之地，其主要的原因是他没把和雅诗兰黛的合作当成一个生意，而是作为一项人生的事业来做，于是他心甘情愿地去理解雅诗兰黛的内涵，认同其价值观，敬佩其品牌战略和工作模式，享受工作所带来的乐趣。

在这个过程中，钱巍带领他的员工谦卑地做一个学习者，一个追随者，一个服务者。为雅诗兰黛服务这 20 年，他们受益太多，详尽描述是件困难的事。但在互相提高的过程中，他觉得自己感触最大，收获最多的是见识了国际顶尖企业的格局和高度，以及构建这个高度所用的方法。

1993 年雅诗兰黛进入中国。可他们对中国的了解，却始于 20 世纪 60 年代，第二代总裁莱纳德·兰黛为了解这个世界人口最多的国家，第一次来中国，他看到中国人不是穿灰就是穿绿。可有一次他走在街上，看到一个穿蓝色外衣的女士，风吹过时，她蓝色外衣的衬里是非常鲜艳的红色。透过这一抹红色，他看到中国人对美的渴望跟大洋彼岸他的同胞是一致的。从此他的眼光就没离开过这个有巨大人口和市场需求的远东土地。待改革开放有了投资机会之后，他们多次深入中国，调研、观察，直至做出决定。

关于品质，创业当初兰黛夫人面对百货公司经理问她，雅诗兰黛和其他牌子有什么区别，兰黛夫人说："我知道它是最好的。"这句话从此成为他们坚守的品质精神。70 多年过去，雅诗兰黛目前占据全球高端化妆品市场 25% 份额，美国高端化妆品市场的 50%。在亚太区，2018 年年营业额增长最快的护肤品是雅诗兰黛、海蓝之谜，其中海蓝之谜的销售额超过了 10 亿美元。这就是全球消费者对他们制造的高品质产品的认定。

这种对品质的追求与钱巍的追求非常契合。

钱巍也是那种从来不打无准备之战的人，最初他做雅诗兰黛和倩碧，每个月几百元的营业额他用几百万的态度做，他用比服务杜邦、可口可乐还高的标准来做雅诗兰黛。在这个过程中，雅诗兰黛原来合作的广告公司出了问题，一是他们挂在上海巴黎春天百货外墙的大广告牌，因为没有固定好出现晃动，出现很大安全隐患；二是他们做的一个雅诗兰黛店铺的橱窗形象出现问题，因为那个橱窗是由三个面组成，安装的时候人在里面，无法从外面看到是否装得精准。因此要求所有工作都必须在进入橱窗之前准备好，首先裁剪尺寸要精准，手法要准确，安装时要感觉敏锐，反复多次不厌其烦。这个不仅是靠技术，更重要的是有责任心和耐心。

钱巍的工作原则是工作不分大小，小事大事都要认真。这种工作态度和对品质的坚守让雅诗兰黛看在眼里，记在心里。所以当那家广告公司犯错之后，他们慢慢就决定放弃原来的广告公司，新开的店铺全部交给钱巍来做。

钱巍清晰地记得，他第一次做店面设计前一个月，就带着公司的相关员工去看了五六家雅诗兰黛的店面，研究店铺里产品和人物的关系，护肤、彩妆和高端产品该如何区分？什么是他们最认可的成熟的风格？他们通过一个月反复踩点，拍照，写了大量的文字，回来后大家连续加班，研究讨论、出报告并提出意见和方案。

一月之后，当坐在雅诗兰黛公司谈方案的时候，对方发现他们已经做了充足的准备，他们从人流量开始，根据人流量和商场布局，把柜台四周分为主通道、第二通道和第三通道（最不重要通道），提出不同通道放置不同产品的设想，特别是把彩妆放在第三通道，既可以让彩妆指导师安心给顾客化妆，又不影响其他顾客对产品的挑选。以及如何根据柜台位置确定灯箱位置，光线和布置产品的关系等，在会上，他们都谈了方案。

这些看法，现在看来，已经是所有化妆品专柜约定俗成的做法，但在当时，它是一种创意，这些想法已经超出一个做平面设计和创意制作的广告公司的工作范畴，这令雅诗兰黛的工作人员惊奇和敬佩。雅诗兰黛的工作人员问："你们怎么对这些东西这么了解呢？我们还没有给你们介绍啊。而且据我们所知你们以前也没做过啊！"钱巍微笑着说："我们如果要做这个工作，就不能打无准备之战。"

做了这第一家店铺宣传后不久，原来那家广告公司就完全被钱巍的公司取代了。

从第一个店面的宣传及设计制作安装开始，钱巍定下了目标，如果能做到 100 分，我们绝对不做 90 分。至今，这一直是他公司的目标，也是他公司员工的压力。Vsquare 制作部最优秀的资历超过 10 年的员工 Karen 在谈到这个标准时对我说："钱巍总是要求我们的工作做到 100 分，低于 100 分肯定不行，所以就变成我们在客户那里永远要保持这个标准，不能松懈。最后我们就成为别人的标准，常常其他公司有做不好的业务，雅诗兰黛就会让他们来找我们。我接到过几次这样的电话，对方说雅诗兰黛让我找你们，他们说只有交给你们才能做好。"

　　"分工明确，公平透明，互相珍重"是另一条让钱巍受益的标准。

　　钱巍说："所幸我创立公司的时候，遇到的第一个客户就是国际公司可口可乐，不久又结缘了雅诗兰黛。我觉得非常幸运的是，我承接了国际顶尖品牌的业务。与雅诗兰黛合作到目前为止，我不知道他们的财务总监是谁，因为我们的应收款项他们会很及时地付给我们，所以我没有必要跟他认识。我也不认识他们的总经理，因为我没有什么业务要去见他，我们的工作都有具体的对接口，跟相关部门的业务员保持良好沟通，做好我们的本职工作就是对他们最大的尊重。"

　　从 2012 年开始，因雅诗兰黛集团改制，供应商需要每年投标(后来在钱巍的要求下改为两年)，参与招投标来竞争的人多了，但是雅诗兰黛看的是实力不是关系，送礼之类的事更是明令禁止。作为供应商，钱巍曾经收到过他们纽约总部廉政部门的电邮，上面写道：如果碰到不公平竞争或有员工跟他们私下有财务往来，他可以向这个部门投诉。但是钱巍一次也没有拨打过这个电话。因为他面对的客户每个人都有严谨的职业操守，Karen 也提到，"我们的客户从不收礼。哪怕是一张 500 或 1000 的礼品卡他们都不会收，而且最近几年这条制度有越来越严的趋势。"

　　作为供应商来说，钱巍觉得平时做好工作，就是对他们近 20年来的扶持给予的最好回报，所以不需要做那么复杂的事。

不仅要做好工作，还要把客户的品质当成自己的工作品质来遵循，把客户的口碑当成自己的口碑来维护，这也是钱巍给自己和公司定下的一条标准。有一次他们接到了雅诗兰黛总部发过来的一个小样，在设计过程中，员工发现这个小样上的那个著名的标志"ESTĒE LAUDER"其中第一个"E"字上缺了那一横。而这一横正是雅诗兰黛LOGO的一部分，有了这一横，才是真实、信得过的雅诗兰黛，没了这一横不就变成假的了吗？所以这是一个很严重的错误。

钱巍他们发现后，立刻报告了雅诗兰黛。雅诗兰黛集团立刻把广告收回来。亚太市场没有投放出去的广告因为发现及时，至少减少损失一千万元。一个星期后，钱巍正好去香港出差，在机场，他看到张贴的广告还是错的。那个时候他还没有开始做所有机场的免税店，所以机场的业务还不属于他管。直到2018年10月6号，他开始负责中国大陆、香港和台湾地区机场口岸所有的雅诗兰黛集团的广告。

说到竞争和考核。2015年雅诗兰黛纽约总部视觉总裁带了一个团队到亚洲，对亚太区供应商进行巡回评判，评判内容主要是检查供应商出品质量，优胜劣汰。在中国，钱巍的Vsquare是重要检查对象。

听到消息时，钱巍非常重视，做了充分准备。当视觉总裁带队来的时候，钱巍详细介绍了整个公司的历程、产品的操作过程、各环节的品控流程和标准。在介绍过程中，一家候选公司专门跑到 Vsquare 公司来，强烈要求这位视觉总裁也听听他们的介绍。插进来的是一家非常有名的台湾广告公司，也是钱巍的竞争对手。但是在展示灯片的现场效果时，钱巍采用的方法是把视觉总裁一行人带到店铺现场，针对不同光源的色差讲述公司的制作经验以及现场效果，让视觉总裁看到同样的产品在自然光和现场灯光环境下表现出的效果差异，从而提出他们在产品制作时减少差异的方法。而对方广告公司则是在公司室内使用仪器进行色差校正。同时，钱巍还把在多年工作中观察到的其他设备供应商的设备、影响广告效果有待于解决的问题，反馈给了考察团队，并给他们提出了合理建议。

一个月后，钱巍没有收到反馈，他有点着急，于是打电话去问雅诗兰黛上海公司。市场部的负责人在电话那头笑着说，"没有消息就是好消息啊。我们听到的反馈是总部视觉总裁认为上海公司不错，这对你们就是嘉奖了。"之后钱巍收到总部的邮件和卡片，卡片对他们多年来为雅诗兰黛的发展所做的贡献表达了感谢和赞美。

另外，钱巍做事还不喜欢从上层到下层，他喜欢从下层到上层，因为他觉得所有具体的工作都是下层工作人员做的，他们才是品质最坚定的执行者。

他跟雅诗兰黛合作近 20 年，到目前为止他只认识海蓝之谜

希思黎品牌在上海大丸百货商店的巡展布置

的品牌总监，她叫苏珊娜，在雅诗兰黛集团海蓝之谜品牌总监的位置上做了 10 年，之后被挖到法国的希思黎（Sisley）。因为希思黎的中国市场要从代理店变成直营店，他们重新组建了团队。苏珊娜过去之后，发现与希思黎合作的广告公司的制作水平跟 Vsquare 不能比，所以她先给自己的老东家雅诗兰黛上海公司打电话，问可不可以找钱巍合作？得到雅诗兰黛的同意之后，她给钱巍打了电话。这是钱巍唯一一次因为认识高层，而接到了一个品牌的工作。但是合作之后，他也没有请苏珊娜吃过一次饭，因为公司与 Sisley 对接的团队直接与对方相关部门联系，他们沟通顺畅，认真负责，他们绝不会因为自己的老板跟对方老板认识，就表现出傲慢和不恭敬，而是一如既往拿出百分之百好质量的东西交给 Sisley。大家合作愉快，没有需要他和对方老总处理的问题。

20年来，钱巍和他的员工们，就用这样的恭敬谦卑和敬业认真，赢得了一个又一个国际品牌的信任和市场。

信任与界限

"你做的正好是客户想要的。""客户要求我们的产品达到80分，但是我们要达到90分，如果他要求我们做到90分，那么我们就要做100分。"

这几句话是钱巍经常挂在嘴上跟他的员工们说的。在公司里随便找一个员工聊天，问起他们在工作中你感到最快乐的是什么？他们会回答："如果我们做了一件事，正好跟客户的要求契合，甚至比客户的要求做得更好，我们就很开心。""让客户满意并得到了他们的信任，我们最开心。"

钱巍说，作为跟客户合作长达20年的伙伴，"建立信任"是他为公司制定的仅次于标准的，要求员工们努力经营的一种关系。20年来Vsquare为雅诗兰黛所有广告产品一丝不苟地付出，就是建立信任关系的基石。保证从自己手上出品的所有产品都达到客户的标准，甚至超过客户的标准，当你每一张试卷交上去都常常是满分，那么长此以往，一年一年，对标准的遵守就变成了习惯，习惯会固化成形象，牢固而美好的形象就成为互相之间信任的基础。

按照雅诗兰黛公司跟 Vsquare 合作的程序，当雅诗兰黛公司把小样给了 Vsquare，客户部拿到小样先让电脑部设计出来，之后客户部把设计稿拿去给雅诗兰黛公司检查是否符合他们的要求，可以之后，再把单子拿回来交给制作部，制作部交给印刷厂印刷，然后交给货运监控。

由于近 20 年的合作以及 N 万次交上去的优秀答卷，雅诗兰黛已经对 Vsquare 在颜色的判断、品质的把控方面完全信任，所以当他们忙起来的时候，接到 Vsquare 要送样的电话时，他们说："你们定就可以了，不用看了。"或者 Vsquare 工作人员问他们："这次的样稿我觉得 2 号色比较好，你觉得呢？"他们回复："对，就是 2 号色。"这种状态，就是 Vsquare 员工自豪并开心的地方——得到认可和极大的信任。

除了对品质的严格把关，他们还做到了急为客户所急，想为客户所想，客户的需求就是自己的需求，客户想达成的目标就是他们努力实现的目标。人们常常说，人一辈子，如果能交上一两个当你半夜出现危机，你第一个想到可以打电话的那个人，就是你真正的朋友。那么公司和公司之间又何尝不是如此呢？对于雅诗兰黛来说，恐怕 Vsquare 就是这样的朋友。Karen 记得有一次，因为客户的疏漏，倩碧本来是准备第二天在百盛的共享空间做一个很大的广告位，但倩碧那边把这件事情忘了，等想起来的时候已经差不多是当天下午了，时间紧、任务急，做不出来第二天就要开天窗。

于是急急忙忙找到 Vsquare 的客户部，Vsquare 立刻动员全公司和印厂的人连夜开会，想办法，出方案。分工设计、制作、印刷，全公司上下有效配合忙了整整 12 个小时一个通宵，直到第二天早上天亮的时候，才把整个空间布置好，让倩碧一如既往以靓丽的形象出现在上海市民的面前。

对这样的合作伙伴，雅诗兰黛除了珍惜大概还有尊重吧。也正因为这样的患难之交，所以现在的 Vsquare，在雅诗兰黛集团不仅树立了良好的形象，而且他们在设计、印刷标准和合同定价方面也有了自己的话语权，这是让钱巍感到特别欣慰、特别珍惜的。他觉得多年的努力有了真正的回报。

另一件事也能说明雅诗兰黛对 Vsquare 的信任。在他们刚合作的那些年，当钱巍把所有的产品制作出来之后，交给雅诗兰黛相关部门，由他们安排把所有的货物发往全国各地的店面和专柜，也就是说运输这部分工作不在广告公司做。但他们发现监控货运是件费时费力还容易出错的事，这种工作还是交给品控严格、出错率低的 Vsquare 更放心。所以这个工作此后就完全交给 Vsquare，由 Vsquare 从印厂将制作好的产品，按照客户名单，直接通过物流发往全国各地的店铺和专柜。每个月他们另外付给 Vsquare 物流费超过 20 万元。钱巍为了做好这项工作，专门在公司设置了两个员工负责货物监控，他们要从产品出品的那一刻就开始将货物录入电脑，监控每一件商品直到安全到达目的地才算完成工作，为此负责这项工作的人常常没有固定的上下班时间，下班也要盯着电脑和手机，监察货物的流向。

以前快递在雅诗兰黛自己手中时还出过差错，但从 Vsquare 负责这项工作开始到目前，快件都能准时到达目的地，没有出过问题，即使千分之一的概率出现延误，Vsquare 也会直接派人送去。其实产品在 Vsquare 打印制作，本次产品数量多少，规格如何，他们是最清楚的，所以由他们安排发货减少了中间环节，也有利于工作。但是最重要的还是因为雅诗兰黛在跟钱巍的多年合作中，看到他和他的同事对工作的认真负责态度，所以交给他们公司也放心。

但钱巍并不留念这块业务，直到今天他还说："我一直在问他们什么时候把这块拿回去呢，他们老说再等等，再等等。"因为对于钱巍来说，多了一份工作就多了一份责任，从财务上来讲，他要多缴税，也要多一份财务成本。但既然客户信任他，把这么重要的工作交给他，那他也要尽心尽力做好。

但有时候信任也要把握好分寸，如果信任超出了钱巍的责任和道德的范围，那么他也是会拒绝的。

一年前，原来在雅诗兰黛品牌负责视觉的一位员工，调到倩碧去做了视觉经理。这位 S 女士对 Vsquare 的工作品质是了解的，对他们也是充分信任的，所以当她调到倩碧后，她要求 Vsquare

与倩碧的一个员工配合做一项工作——帮助倩碧在电脑上填写供应商报价单——即做供应商的报价录入表。

钱巍认为这是违反操作规则的。公司员工有时间去帮助客户做点事情并没有太大的关系，甚至作为供应商方面是求之不得的，这体现了客户对公司的信任。但是作为这个名单中的一员，钱巍觉得他不应该知道其他供应商的价格。知道这个价格，他将会面临两种风险：第一，他的员工有机会改动那些价格，当然主观上他知道他们不会，但他不能为每个人担保，再说也有可能因粗心导致失误。如果公司的员工出了这类问题，作为公司也有连带责任。第二，作为供应商，知道别人的价格秘密是要承担风险的。所以这个工作不能做。

钱巍委婉地跟这位视觉经理说："对不起，我们不能帮到你。因为这对你、对我、对其他供应商都不好。"但是视觉经理好像并没有理解到他拒绝背后的理由，反而因为这件事情生气了，她说："你们不帮就算了，我能找到想帮忙的人。那么其他工作你们也不要做了。"于是她把原来钱巍做得好好的倩碧的广告设计和制作，突然停下来交给了另一家广告公司。钱巍心里当然不舒服，但他觉得大是大非面前自己不能退让，不能为了拿到这份广告而影响公司的规则操守，只是这件事有必要跟雅诗兰黛集团说清楚，并希望得到了他们的理解。

不久，雅诗兰黛集团纽约总部的兰黛先生来上海视察，他检查和参观过的店铺中，雅诗兰黛和其他品牌是钱巍做的，只有倩碧是别家做的。兰黛先生走到倩碧的店铺时说了一句："我怎么觉得我们在做家乐福啊！"这句看似简单的话，却几乎让倩碧的品牌总监丢了位置。

倩碧在雅诗兰黛集团的地位，仅次于雅诗兰黛品牌，它是雅诗兰黛集团两个最早创建的品牌之一，是最早进入中国的品牌之一，是雅诗兰黛集团7个自主品牌之一。它的定位也是高档品牌，可是一个高端优雅的品牌，展厅却布置得像超市家乐福一样，这是一种非常严厉的批评。

当兰黛先生走到雅诗兰黛的柜台时，却开心地笑了，称赞说："Great Job！非常棒！"他回到纽约后，还为此专门发了感谢信给 Vsquare 公司。

这件事过后，那个坚持要换广告公司的 S 女士不得不辞职。接手工作的艾达很快就把电话打到了 Vsquare 之前对接的团队，问："如果我们再合作，有可能吗？"这个同事马上来找钱巍问怎么办，因为 Vsquare 每年都是跟集团签合同，要合作当然是完全可能的，法律上没有障碍。但钱巍说："你转告她，3 个月内，还是继续用原来的广告公司吧。在这过程中，她有任何需要帮助的地方，我们无条件帮她处理。如果三个月还是觉得那家不行，我们再接受。"

钱巍这么说是有四点考虑。第一，钱巍不是一个着急赚钱的人。如果他是这样的人，他会马上同意接着做。第二，钱巍也不是一个心胸狭窄的人，他不记仇也不幸灾乐祸，所以他说"你们有任何问题需要我协助，我都愿意"。第三，钱巍真正考虑的是原来做倩碧的团队这时已经接了美国服装品牌维多利亚的秘密（VICTORIA'S SECRET）的业务。这个品牌隶属于华尔街公认的知名中高档服装生产商 Intimate Brands 集团，不仅

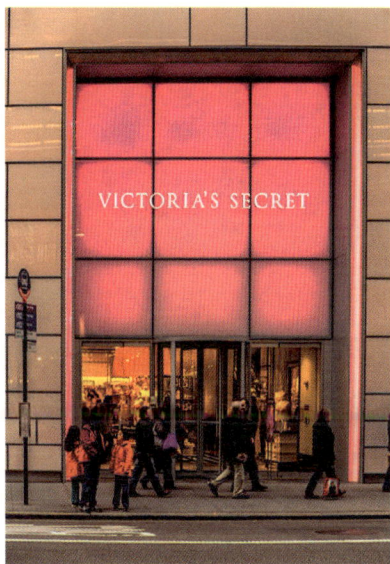

维多利亚的秘密品牌店

是美国，更是全世界内衣界的龙头。它优雅、热情地在伸展台上影响着全球 30 亿女性人口的"内在美学"，是世界内衣界的标杆。对于这么一家重量级客户，钱巍不能说立刻放弃让团队回来做倩碧。那么要重新组织培养一个团队做倩碧，在老带新的情况下，也至少需要 3 个月。第四，钱巍觉得正好可以让他们试一试其他公司做的产品，比一比在品质标准、工作态度上跟 Vsquare 到底有多大的差异？什么是好，什么是不好？

　　这件事情为雅诗兰黛集团与 Vsquare 公司 20 年的协奏曲弹出了一个小的变奏，但是最终完美收官。

进退随一

钱巍常说："没有雅诗兰黛就没有我们 Vsquare，也没有我钱巍。"

钱巍的公司越做越大，在业务结构中，雅诗兰黛集团的业务占公司全部业务的 45%，盖璞的业务占 20%，其他品牌的业务加起来占据另外的 35%。钱巍深知这一切都是因为跟雅诗兰黛集团长期合作的关系。因为有好的客户，使他能够如愿地按照自己的想法，去追求做一家理想的公司，做出了口碑，才赢得了一个又一个国际品牌的认可和赞美。

为什么在这几年民营经济发展困难时期，钱巍的 Vsquare 工作量不减反增？为什么钱巍的公司可以 20 年没有跑单的业务员？

我们从 Vsquare 的发展历程可以看到其客户来源。这些客户部分是钱巍原来在花园饭店的同事带来的。他们是中国第一代在改革后经过外企专业化培训的职业精英，后来如花朵般绽放在全上海的国际企业，成为钱巍不领薪水的业务员。这些合作过的经理，当他们成为另一个国际品牌的负责人时，也自然选择钱巍为合作伙伴。他们把一次又一次新的机会给了钱巍，充分说明，酒香不怕巷子深，做得好，机会自然就属于你。

　　创业初始的第一家客户可口可乐，是钱巍原来在大仓花园饭店工作时，跟可口可乐市场部合作认识的，他们信任钱巍工作的品质，所以不仅把工作交给他，还促使它直接创立了自己的公司，有了今天的 Vsquare。又因为做了可口可乐，有了为外企工作的经验，当他在花园饭店的前同事进入雅诗兰黛工作的时候，他就有了为雅诗兰黛做几块桌牌的机会。当他把雅诗兰黛的工作从几百元做到几千万元的时候，曾经在雅诗兰黛工作过的那些精英管理人到了希思黎、到了盖璞等，于是钱巍就成了这些国际品牌的中国广告总代理。而最近接的美国运动品牌安德玛（Under Armoue），是原来他在花园饭店采购部工作时的徒弟给他带来的。这个徒弟离开花园饭店后辗转了几个企业工作，现在到了安德玛做市场总监。跟徒弟 20 多年的交情，他们偶尔的聚会只谈生活不谈公事，可是对方的工作、对方的口碑、对方的为人处事他们是深知并认可的。所以当曾经的徒弟到美国运动品牌安德玛做市场总监的时候，他第一个想到的就是找信得过的朋友兼师傅钱巍合作。

　　20 年来，钱巍做的事情，在聪明人眼中看来也许有点迂腐。比如他做了一线品牌，有二线品牌主动找他，给他送一笔大生意，他却拒绝合作，因为对方的品质要求跟自己的标准不一样。比如他的公司在上海，但是他负责的品牌在北京的一个专柜需要做一张 50 元的桌卡，由于工作的疏忽，到了专柜开张前一天才发现那张桌卡没有做，这个时候他会在上海做好这张 50 元的桌卡，专门派人坐高铁或飞机送到北京。这样做只因为他对客户承诺过，所有的产品质量必须全国统一。这些看似"很不机灵"的做法，却是他自以为傲的，因为他干的这些"傻事"恰恰为他迎来了一个又一个与高质量客户合作的机会。

骄傲的同时，他也有慎思的事情。

他注意到，2012 年雅诗兰黛集团总裁兼首席执行官法布里西奥·弗雷达，宣布了要让中国成为其公司的"第二本土市场"的计划。为此，公司创建了一个名为"中国 2020"的内部组织，其任务是确保公司在中国拥有和美国同水平的管理、本地客户信息研究和运营。中国也成了雅诗兰黛的第三大市场——位于美国和英国之后——每年销售额达 5 亿美元。

2018 年，在由美国银行举办的 Merrill Lynch 2018 Consumer and Retail Technology Conference 活动上，弗雷达再次说，中国市场潜力巨大，未来将是集团发展的重心。他说："在我看来，中国是全球最具潜力的美容和化妆品市场，也是我们未来发展的最好机会。我相信我们能够在那里长期保持两位数的增长速度。"

而钱巍深知，说这话需要自信、底气和对世界经济市场的发展有前瞻性眼光。他认同弗雷达的看法，并将此看成是自己的机会。

随着这几年中国经济 GDP 增速跌落，所有品牌在中国的发展都受到影响，不少品牌收缩店面和柜台。雅诗兰黛的业绩在 2015 财年也出现 16 年来罕见的负增长，营业收入和净利润双降。但是钱巍观察到雅诗兰黛对中国未来市场的信心不减，反而陆续把其他品牌放弃的高端百货商场的好柜台全部抢占了。2017 年雅诗兰黛的业绩保持稳定，到了 2018 年，雅诗兰黛集团净销售额同比大涨 15.72% 至 137 亿美元，创 10 年新高。

最让钱巍感兴趣的是，雅诗兰黛、海蓝之谜和倩碧等品牌销售业绩最为优异，其中海蓝之谜的销售额超过了 10 亿美元；彩妆部门销售额同比增长 11% 至 56.33 亿美元。按地区来看，亚太地区净销售额为 7.08 亿美元，同比上涨约 29.2%，而这主要由中国的内地和香港带动。

研究这些数据，让钱巍能够对公司的发展未雨绸缪，在 2017 年至 2018 年，钱巍因为看到雅诗兰黛在中国的数据以及雅诗兰黛 CEO 对市场的信心，他也对公司做了相应的调整。

当隔壁的公司倒闭搬家后，他只用了 5 分钟时间考虑，就决定把隔壁办公室全部租下来。现在他们办公室的面积比过去大了一倍，他终于实现了在公司里配置一间测光室的愿望，这样看片的时候就不用受任何外在光源的影响。他也终于实现在公司设置一间乒乓球室和餐厅的愿望，这样员工有地方可以锻炼，有地方可以聊天放松和共享美食。

2017 年他还把自己印厂原来的 7 台打印设备卖掉了，以高出一倍的价格购置新的设备，以备能为自己的客户做出更好的产品。他说："我有信心跟着雅诗兰黛一起在中国发展。"对于一个做企业的人来说，他觉得自己这些投资做了一笔划算的生意。

与雅诗兰黛共进退还可以通过钱巍经历的一件大事说起。

大概在 2015 年，雅诗兰黛集团出现一些重大变化，先是在集团任职长达 10 多年的研发部门高管离开公司，并创立了新的护肤品公司。离职高管包括雅诗兰黛集团皮肤护理研发部门负责人、雅诗兰黛企业产品发展高级副总裁、集团新科学材料科技公司经理。他们算是公司元老，而研发部门更是公司的命脉。据说他们离开的原因是因为不满集团的官僚主义。

这场"地震"雅诗兰黛集团很快做出反应，先是进行了集团新的人事调整，随之对原来公司的架构进行了彻底调整。

这场变故对 Vsquare 和所有雅诗兰黛供应商的影响是：在改革重新理顺之前，他们无法拿到货款，但工作不能停止，产品不能停止。所以他们有整整 3 个季度 9 个月没有收到货款。

9 个月收不到货款，对有些公司几乎是灭顶之灾，所有的供应商在这期间都在诉苦，都在投诉。可是钱巍的 Vsquare 没有给雅诗兰黛集团任何压力。采购部多次问他，多次跟他解释未能及时付款的原因，钱巍都说："你们的问题我理解了，请放心。我们没有问题。"这 9 个月 Vsquare 一共被押款达 4000 多万人民币，这对任何一个企业都是极其沉重的压力，所以钱巍充分理解那些不停投诉的供应商。因为每个月的成本是固定的，员工的工资、材料的采购、公司行政费用的支出都是固定成本。

钱巍沉得住气，一方面出于对雅诗兰黛集团的信任，觉得既然他们有困难，那自己就跟他们一起渡过这个难关；另一方面是基于对自己公司的信心，因为他的公司一向没有借款，他的现金流足以应付 9 个月。

雅诗兰黛集团这次改革，给钱巍还带来了后续影响：第一，十几年的招标制度彻底改变，他们每年需要跟所有社会企业一起参与招投标（后来在钱巍的建议下改为两年一次）；第二，付款的方式发生了变化；第三，跟公司对接的部门也有了调整。但无论怎么调整，钱巍带领他的团队一如既往、不改初心。所以他们的业务量和客户数都只有增加没有减少。

但经历这件事后，雅诗兰黛集团更加信任他们，觉得 Vsquare 公司是一个在任何时候都可无条件选择的供应商，他们是值得信任的、既能享富贵也能共患难的朋友。人与人之间，所谓的好兄弟也不过如此吧。

嘉奖与肯定

    对于钱巍和 Vsquare 为雅诗兰黛在中国这 20 年发展所做出的贡献，雅诗兰黛上海公司及他们总部一定极为了解，无论是兰黛先生本人还是全球视觉总监带队来检查，钱巍都得到了他们的高度认可。虽然美国人表达感谢的方式比较简单——通过一封邮件或者一张感谢的卡片来表示他们对钱巍的肯定，但更有力的嘉奖就是这 20 年来，他们一如既往选择钱巍和 Vsquare。

    这个嘉奖不是凭空就能得到的，对于国际顶尖公司来说，信任要靠证据和实力说话，没有谁能通过送礼走后门得到这些工作。这样做大概率会被他们送去法庭。

    我们看到的证据是，Vsquare 每一年在雅诗兰黛工作的顺利延续，都是通过前一年他们的表现，被客户一项项评定打分，合格之后才得到的。

    这件事钱巍也是近两年才知道。四年前，雅诗兰黛新接任的品牌总监跟钱巍说："我很好奇，你们公司是怎么做到每年业绩评定都能得满分呢？"

    这时钱巍才知道雅诗兰黛纽约总部每年对所有的广告供应商

都有一个年度评定表。表的内容非常详细，从技术、色彩管理、客户服务、风险管理等方面考核，每项考核设计得十分精准。第一项是"技术知识与技能"，其中分为能为印刷规格、印刷技术提供合理化建议，能提前发现潜在问题并能提供有效建议两部分，加起来一共占总分 100 分的 10%。在第二项"色彩管理"中也设置了两项考核，占总分的 20%：一个是色彩管理能力强，能符合色彩要求；二是大货色彩印刷持续稳定。第三项"质量管理"高质量印刷占 20%。第四项"交货日期"，包含两方面考核：一是合理生产时间，第二是准时到货，占总分的 20%。在第四项"客户服务"中，只有一个考核点：客户服务团队能力强，能解决复杂问题程度高，在总分中占的比重高达 25%。最后一项是"风险管理"，风险管理事故分辨能力强，能立刻做出反应，占总分的 5%。这张表的最后部分是："如果供应商连续两年得分低于 60%，则会被自动列入观察表。"其实就是被自动淘汰。从这个表格的设置细则，可以看到国际一流企业对于产品标准设置的科学性和准确性，甚至可以窥见世界一流公司的境界和高度。

这位品牌总监还跟钱巍说："我看了之前十几年公司对你们的评定表，你们基本都是 100 分，难道你们真的没有一点问题吗？"

于是钱巍也要求看看这几年的评分表，他想看看自己工作还有哪些做得不好，以便改正。结果看到的几乎都是 100 分，他有些欣慰，觉得这些年一直要求员工"客户要求 80 分，我们要做到 90 分；客户要求 90 分，我们要做到 100 分。只要还有进步空间，我们就一定要努力"的标准达到了预期效果。这也说明 Vsquare 公司对标准的理解力和执行力几乎达到完美的水准。

其实对于钱巍来说，有没有这个表，他们的产品都是一如既往的品质，公司提供一如既往的服务。所以当听到这个品牌总监这么问起，他也只能谦虚地说："我们也不是没有缺点，十几年来肯定有缺点，也有做得不太到位的地方，但可能我们的缺点和偶尔做得不够好的地方，在你们能够理解和宽容的尺度之内；还可能跟其他的竞争者相比，也许我们比他们做得好一些，我们服务的质量更稳定一些。"

2018 年 12 月 19 日，钱巍和他的 Vsquare 公司还有一个特别大的收获，他们在上海新闻报社举办的金融春天论坛评奖活动中，获得创新企业奖。与他一同获奖的企业有工商银行上海分行、友邦保险、平安人寿、泰康人寿、苏宁人寿等国内赫赫有名的金融公司和财团。这次论坛的主要议题是：科技与金融业的关系，大数据与企业的发展，以及科技力量如何改

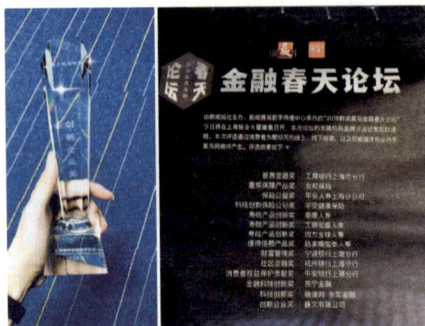

2018 年，钱巍和他的 Vsquare 公司在上海金融春天论坛评奖活动中获创新企业奖

善了管理及运营等。此次评奖综合网上投票以及专家意见，从多个角度评选出 14 家在本年度有突出表现的企业。

对 Vsquare 的嘉奖，主要是基于他们在科技如何改善了管理及运营方面所做的努力，对他们进行了肯定。通过这次得奖，说明社会民众对钱巍为社会、为上海所做的努力和贡献是有目共睹，并被大家认可的。对于 20 年来经历过无数的风雨和喜乐的钱巍来说，能把这个奖杯拿到手中，他觉得特别欣慰。

第五章：
匠人之美，积聚团队力量

⊙ 好匠人重在传承

⊙ 我在意的是你们是否愉快

⊙ 稳定与变化

⊙ 那些梦想，无论一年还是一百年都是 ONLY ONE

好匠人重在传承

二十多年前，钱巍还在花园饭店工作的时候，有一次他去波特曼酒店办事。走进波特曼酒店的大堂，他看见了一行字："每天走进这扇大门的人，都是这个行业在上海最好的员工。"这句话对他影响至深。所以当他创立自己公司的第一天，他的理想就是希望走进自己公司的每个人，都是这个城市从事这个行业最棒的人。

钱巍说："公司做到今天对于我来说，最大的财富是有一批好员工。"在钱巍的公司，如今工作5年到10年以上的员工占80%，这些员工成为公司成功的重要因素。

钱巍对公司生产的产品标准很高，对与客户的关系钱巍的要求是建立真诚信任关系，对公司内部的建设，他信奉的是传承。要做到第一点，首先第一关是选择认同公司文化价值的员工，所以招聘面试很重要。

一般公司的招聘是人力资源部负责，但在钱巍的公司，没有专门设人力资源部，因为他觉得选人是件非常重要的事，选一个员工就像选谁做自己的家人，进了自家门他就要把员工当自家人一般培养爱护。别人的眼光和自己的眼光不一样，合不合适由自己判断最好。他认为人力资源条款适合大公司，通过条款不能确定的事要看感觉才能判断，所以必须亲自把关。

他亲自面试每一个来应聘的人，基本上要跟应聘者最少谈话两小时。谈话的内容涉及学历、家庭爱好、以往的经历。他并不喜欢刚毕业的大学生来应聘自己公司，也不太喜欢没有工作经验的人，他觉得只有那些从事过一两份工作，到了一定的年纪，觉得人生可以稳定下来，需要一份长期的工作，并明确了自己人生方向的人来公司应聘，才基本符合了他心中的标准。因为这样的人对人生和未来往往有了明确的想法，所以他们会把这次应聘得到的工作当作正儿八经的事儿。而且年龄稍微大一点的人，经历过甘苦更能够静下心来好好工作。

过了这一关，钱巍要通过了解应聘者的家庭及他本人过往经历，判断他是不是一个有爱心的人。一个人怎么谈论他的父母家人，怎么谈论自己经历过的事，往往能让钱巍捕捉到有用的信息，从一个爱家的人的言谈表情流露出的温暖是掩饰不了的。他喜欢看到并录用那些心中有温暖有幸福感的人，因为只有心中有爱，你才会爱上美好，欣赏美好，而他们公司的工作，就是向人输送美好，分享美好。

接着钱巍会考察应聘者的责任心。在这个环节，钱巍常常会问应聘者一个问题："如果你不小心把工作做错了，你怎么处理？"一种回答是："做错了，那就重做呗。"这样的人他基本不会录用。另一种回答是："我会想一想我错在哪里，找到犯错的原因，以便下次工作的时候不再出错。"这样回答的人大概率会被钱巍录用。这个回答让他看到应聘者是有责任心的，有责任心才会用心工作。人都会犯错，做错了一件事，聪明人会吸取教训，不会重蹈覆辙。

最后一点是考察应聘者对公司文化的认同，通过了解来者的爱好、习惯，包括爱看什么书，业余活动的内容来查看与Vsquare是否契合。最后钱巍会简单介绍公司的工作岗位和要求，得到认可之后，录用的员工会进入公司并且有三个月的试用期。

进入公司就进入了公司的老带新阶段。在Vsquare，这家充满了现代感、与时尚结合最快的广告设计制作公司，却有着最传统的培养人才的方法——实行师傅带徒弟的方法。这个方法最早起源于钱巍刚创立公司的时候，公司最开始只有两个人，他招聘的第三个人是公司的会计，当发展到第四个人的时候，就是他作为师傅一点一滴地带着这个人工作，然后一带二、二带四、四带八……每个进入公司的新人必须跟着师傅眼看、耳听、手做。通过时间的磨炼，才能成为Vsquare合格的员工。

不论你在原来的公司工作多久，不论你的年纪多大，都必须经历这个阶段，只是有些人可能一个月就过了试用期，而有些人需要三个月。至于出师,那至少是一年到一年半以后的事儿了。特别有经验的,也需要半年才能独立工作,但这样的人在公司并不多,因为要从头学习 Vsquare 那套为客户精耕细作的工作方法,确实需要时间,没有捷径可走。

我们以客户部为例。客户部是以服务的品牌为单位,根据工作量的大小,分成 3 个人一个团队,所以团队的领导都是师傅。能够当师傅的人至少具有 5 年在 Vsquare 的工作经验,并且有担当和责任心。

对这些师傅钱巍充分放权,他从来不过问他们的工作,也不关心他们的计划,只有当他们有问题时才来找钱巍,这样做当然因为团队组织已经有了完善的制度和经验。

新来的员工加入团队之后,是不能独立工作的,他们第一步要明确工作的目标,并对目标的重大意义和价值有 100% 的理解。理解每个人的工作目标既是个人目标更是团队的目标,达成个人目标只是实现团队目标的一部分,而团队目标是公司目标的一部分,公司的目标就是公司的价值观——给客户做最好的产品。

明确目标对新员工很重要,他们工作的第一天就知道自己的位置在哪里,工作内容是什么。大家因为有着高度一致的目标而聚在一起,他们共同工作并实现目标,这些认识使新员工对工作有了充分的期待和充沛的激情,愿意为团队目标做努力。

第二步,由师傅分配工作。新员工第一件工作是跟着他们师傅学会开会。在 Vsquare，开会不是一件简单的事情——这是跟客户一起开会。这些会议的内容往往是关于承接新工作的讨论，涉及的技术问题多、环节复杂，要听懂都不容易。所以第一阶段跟着师傅去开会的时候，只有听的资格，不可以说话，当然更不可能提问，可以记录下会议内容。

开了几次会之后，新员工能大概知道客户的要求，并掌握如何记录要点抓住重点的技能。之后再跟着师傅去开会，就可以提问了，主要是针对自己不明白的地方提问题。

慢慢地，新员工可以提出自己的看法。这个时候是新员工主讲，师傅在旁边听，等他说完师傅会进行补充。会后，师傅会告诉新员工，对其看法进行补充的原因，总结新员工有哪些方面做得好，哪些方面做得不好。

第三步，经过多次磨炼之后，新员工终于可以独立去开会。回到公司可以跟电脑部制作部沟通，但所有的工作都要有师傅检查。又过了几个月，师傅会亲自把这个员工带到客户那里，郑重地把团队的新员工介绍给客户，同时交接一部分工作。

这个时候，一般来说，这个新员工的工作已经得到了大部分客户的认可，所以员工个人跟客户的信任关系也开始建立。这种通过工作建立起来的信任，对新员工非常重要，意味着他的品行和能力得到客户和团队的双重接纳，这会极大地增强他工作的自信和激情。

　　整个过程，钱巍不会介入，他觉得好的老板是把自己的角色定位为后盾，是公司所有团队的支持者和服务者，不发号施令，更不会控制它。

　　见到老板如此，团队师傅更要谦卑，工作中大声说话、训斥徒弟都是禁止的。每个人在工作过程中都必须尊重其他人的意见并作参考，保持高效良好的沟通。这种沟通包括各种言语和非言语交流，通过这些渠道，师傅要能迅速而准确地了解彼此的想法和情感。

　　新员工要出师，大概需要一年到一年半时间，进入公司的第一到第三个月，主要是观察新员工是不是和公司文化契合，有没有潜质。这三个月新员工基本上是在后台学习，不能直接跟客户沟通。不过第二个月可以给客户发邮件，但是所有的邮件必须经过师傅检查之后才能发。三个月之后，新员工可以处理工作的局部问题，邮件可以独立发送，但要抄送师傅。半年之后才开始上手，师傅这个时候可以交给他相对完整的工作。

　　通过这长达一年多的日子，新员工完成了完整地融合公司文化和工作体系的过程。客户部如此，电脑部、制作部培养新员工的流程也大致如此。新员工通过耳濡目染，反复训练，明确团队目标，亲身体验团队协作，有了良好的沟通能力，学会表达和反馈，同时他们也为自己成为这个优秀团队一员而感到骄傲，对团队要达成的目标有更多的热情和动力，愿意调动和发挥自己的潜能，学更多的技能。

这时在 Vsquare 公司内部，会看到新老员工之间形成强大的气场和和谐温暖的氛围。在上海大街小巷、品牌客户公司、各大商场和各种交通运输工具里，你会看到 Vsquare 公司员工勃勃生机、充满激情和富有信心的面孔。你会看到，他们在重要的客户面前，在会议桌上，有严谨的思维、层次清晰的表达、温婉稳定的声调。同时如果有工作上的需要，他们还能迅速完成各种角色的转换，谦卑认真，灵活多变，与人为善，能面对和应付各种情况。

对于自己精心挑选并经过试用期留下来的员工，每一个钱巍都非常珍惜，他说："我不会随随便便录取一个人，更不会轻易地裁掉一个人。"

也有些人才不需要经过这样漫长的培养过程，比如说，他现在印刷厂的厂长，原来自己有一家印刷厂，还是钱巍的供应商。在跟钱巍的合作过程中，他们彼此熟悉，相互了解。可是后来这位厂长因为自己工厂的规模、资金的周转有些局限，他觉得不如干脆放弃自己的小工厂，追随钱巍，对自己的人生来说会更愉快和简单。那时，正好钱巍要创建自己的印厂，钱巍就索性让他过来当印厂的厂长。这样，人是信得过的，又减少了职业培训的成本，更重要的是他自己有经营经验。

同样，现在公司货运部的主管也曾经在一家物流公司工作，他们合作的时间长了，钱巍觉得小伙子无论人品还是工作能力都不错，就说，不如你就到我的公司负责货运部的工作吧。于是人就被吸引过来了。

像这样的蓝领技术人才，因为他们长期在自己熟悉的行业工作，对行业有深刻的了解，所以加盟到钱巍的 Vsquare 以后，对公司来说不仅是添砖加瓦，更是如虎添翼的事儿。

我在意的是你们工作是否愉快

  雅诗兰黛集团最早是由一个家族创立的，第一代掌门人雅诗·兰黛夫人基于"我希望尽我所能，向世间女性传授如何缔造美丽、保持美丽的秘诀"这个信念，创造了驰名世界的化妆品。她深信，每位女性都能变得美丽动人。所以通过温暖的信念，用产品传递美丽，一直是这个集团的宗旨。

  今天，70多年过去了，这一理念至今未变。最早雅诗兰黛的中国品牌经理沈祥梅在谈到公司文化时说："由于我们是一个家族的上市公司，所以我们的家族气氛很重。但这体现在氛围上，并不是决策或经营权上。大家并不是'家臣'，而是家庭成员，我们必须保持向心力和团结力。"

  第二代掌门人兰黛先生同样是个非常注重集团普通员工的领导。他曾讲过，在集团中有三个最重要的女人：第一是创始人雅诗·兰黛夫人；第二是我们的顾客；第三就是第一线的从业人员。沈祥梅曾这样评价兰黛先生："我感触最多的是他个性的温暖和对下属深切的了解，他真正把这个企业的家族精神发挥到完美。

比如说在中国，他第一个去握手的绝对不是百货公司经理，而肯定是我们柜台的美容顾问，这个细节让员工非常感动，觉得雅诗兰黛集团真正把每一个员工当作自己的家人。"

雅诗兰黛集团这种把员工当成家人的理念，与钱巍的理念完全契合，他常常说："我的公司就像一个大家庭，所有的员工就像我的家人。所以大家上班是不是愉快是我特别在意的事，因为他们在我的公司每天待的时间比他在家待的时间还长。"

他还说："我想让员工觉得公司不仅是自己取薪水的地方，更是一个值得信赖、托付人生的地方。"

要让员工们工作时心情愉快，钱巍首先给员工们构建一个自由、无阶层的企业文化，从自己做起，不要把自己当老板，公司的工作只是分工不同，没有上下之分。员工与老板打成一片，只要不影响工作，员工可以带家属自由参观公司。

以客户部为例，因为是以客户的品牌为中心成立了不同的团队，所以团队的领头人有充分的权利，钱巍从来不过问。负责雅诗兰黛品牌的 Karen 说："钱总真的非常信任我们，他说放权就完全放权，基本上对我们的工作不过问不插手不干涉，当然前提是我们不能犯错。如果有问题，他欢迎我们随时去找他。"

接着是合理设计岗位职责，让每个人尽其能，选择做适合自己的工作。是的，在 Vsquare 如果你觉得现在的岗位发挥不了你的能力，或者让你不开心，你就去找老板好了。只要你的想法合

Vsquare 公司局部

理，钱巍十有八九会满足。因为他觉得每个人的生命有限，若是每天 8 小时都做不开心的事，多痛苦啊！反过来如果每个人每天从事的都是自己喜欢的、擅长的工作，就是苦点累点工资低点，也能获得快乐。

在上海这种超大城市上班，早高峰、晚高峰避免不了。上班堵车，下班堵车，还没到公司就堵了几个小时，如果堵车途中遇到不愉快的事情，更是影响一天的心情。钱巍说："我无法改变上海的交通，但我可以改变公司的上下班时间。"他把所有员工分成两班，其中第一班早上 9：15 上班，下午 6：00 下班；第二班早上 9：45 上班，也是下午 6：00 下班，这样第二班上班的人就可以从容一些，下班时间不变。所以第二班晚半小时上班的员工，实际上每天少上了半个小时的班，就这半个小时，却为公司带来了巨大的变化。轮到自己晚半小时上班的时候，大家都开心得很，只要有人开心，在公司笑脸多了，这笑容和笑脸就会传染给更多的人，公司的气氛就充满了快乐。而上第一班的员工想到下周轮到自己第二班上班，心中也有了期待，心情也不一样了。所以看似一个小小的改变，但给公司气氛带来的变化是巨大的。

然后是改变办公环境。在钱巍的公司，95%以上都是年轻的员工，年轻就意味着活力，意味着快乐。再加上公司是从事时尚产品的设计和制作，所以办公室的与众不同是钱巍非常注重的。走进他们公司，你首先看到的是非常透亮的空间，相对简洁的办公区域被年轻人装饰了各种有趣又显个性的办公用品，颜色鲜艳的餐厅以及通向二楼的大红色地毯非常夺人眼球，在整个空间点缀的是数不清的绿植。那些藤蔓生机勃勃地在办公桌、走道、楼梯处蔓延，让人心情愉悦。

钱巍还在办公室的一角为大家设置了运动场所，员工都是从事脑力工作，工作累了想放松也有了地方。

做好了这些，钱巍调侃自己大事没权管，只有把小事做好。

其实公司无小事，员工的事在他心里都是大事。他要想的还有很多，比如保险。除了公司必须为员工买的五险一金，他还给大家买了大病保险，给女员工买了生育保险。在中国一般的企事业单位，如果员工有生育保险，那么在她们休产假的时候，是可以不发工资的。但是钱巍继续给她们发工资，公司女员工多，这是一笔不小的开销。他的太太是上海　家国有医院的医生，太太生孩子的时候没有享受到生育保险，所以他的体会是女人有一份生育保险情况会大不一样。对女员工如此，男员工也不例外，如果他们的太太生了孩子，他也会给他们放陪产假。

根据国家规定，如果不是在户外工作的公司，可以不发高温补贴，但是钱巍基本在夏季有 4 个月时间会给员工发高温补贴，而且发的标准还比较高。

工作开心有尊严，环境美好能放松，每

2018 年公司到欧洲旅游

年最好还能出去旅游。于是每年公司会出钱，让员工们去国外旅游一次。在公司工作 5 年以上的员工会去远一些的地方，比如 2018 年去的就是欧洲，资历浅一些的人会到相对近一些的国家，比如日本或者东南亚。碰到公司成立 5 周年、10 周年、15 周年、20 周年，员工们还会选择更特别的地方。每年决定何时旅游，去哪儿旅游，这些都不是钱巍说了算，出面组织的是公司一个相当于工会的小组。作为老板，他只负责拿钱，没有发言权。旅游半个月，所有的员工工资一分不少全部照发。要玩，那就开开心心，没有羁绊，没有挂念，没有后顾之忧。

Karen 说，钱巍是最不像老板的老板，所以像她这样资历的老员工基本不会叫他钱总，他们都叫他钱巍。"因为他真的对员工非常好。"这是 Karen 的原话。她举了一个小例子，有一次公司制作部的一个员工，因为在家里的高处拿东西时不小心摔了下来，钱巍几次安排人看她，安慰她。

很多除此以外与公司和工作无关的事情，钱巍也常常成为大家的参谋，他鼓励员工谈恋爱结婚买房了，因为他知道无恒产者无恒心。Karen 是新上海人，进入 Vsquare 之前，她在一家市政工程公司当总经理助理。来 Vsquare 应聘的时候，钱巍也跟她谈了几个小时，最后说："如果你进公司，我只有一个要求，那就是希望你尽量能把这份工作当作你的正式工作做得长久。"

Karen 来的时候还是一个小姑娘，现在她结了婚生了小孩，还在上海买了房子，买房子的时候还请钱巍做了参谋。如今她的丈夫也成了钱巍的朋友，因为从事的是 IT 的工作，如果公司有电脑方面的问题，她的丈夫也常常来帮忙。10 年过去了，她已经是 Vsquare 非常重要的员工，由于她工作的优秀表现，雅诗兰黛公司曾经好几次问她是否愿意到雅诗兰黛工作，说实话不动心是假的，但是她考虑再三还是放弃了。问她原因，她说．"我对钱巍有信心。关于公司的发展，我跟钱巍聊过几次，我们对广告业这个行业的发展以及公司的未来都有聊过，我觉得钱巍对这些方面是有考虑的。"

她还说:"他是一个聪明的人,做事谨慎周全,同时对公司他有自己的规划。我不离开公司,主要是觉得在这个公司工作特别放松,没有压力。连我自己都想不到,我会在一个公司一干就是10多年,因为进入Vsquare之前,我曾经在上海换过两个公司,我的性格不是一个很喜欢安稳生活的人,但是Vsquare有它的魅力。"

人是一种有感情的动物,一旦喜欢就愿意付出。你尊重我,在乎我,我也会回报你。如今Vsquare的员工,都把雅诗兰黛的事当成公司的事,把Vsquare的事就当成自己的事,所以工作上只要有需要,无论是否上下班,是否有客观困难,遇到任务都会毫无怨言愿意付出。这样的事数不胜数。

最近一次,钱巍就发现有一个员工连续一个月都在加班,但是他没跟任何人说,完全是自觉自愿的行为。直到钱巍从那个月的工资单中才发现这个员工的工作量非常大,钱巍后来对他的工作进行了调整,但可贵的是他默默地主动去做,这样的精神连老板钱巍都深受感动。

这大概也是雅诗兰黛在那张评分表中,对"客户服务团队能力强,能解决复杂性问题程度高"这两项给他们打出高分的原因吧。

稳定与变化

　　纵观 Vsquare20 年的发展，我们看到钱巍不是当今社会那种善变、过于聪明的企业家。他实际上是一个谨守传统的匠人似的企业家。这与他的家庭教养有关，也与他第一份工作在上海花园饭店上班有关，他十分珍惜自己从花园饭店得到的养分，并常常津津乐道他喜欢的故事：日本的"匠人气质"，不仅仅体现在大公司，也体现在普通人身上。举例说拉面店，我们中国人开拉面店，煮面的师傅穿件破了洞的汗衫就可以上阵，但日本拉面店的师傅必须得穿上拉面店定制的衣服，头上扎一条帅帅的头巾，衣服上还写上大大的"拉面"二字，然后精神饱满、满脸虔诚地开始煮面。拉面煮好，上面还要一丝不苟地摆放上鸡蛋、海苔，若干片叉烧肉，精致地在面条上摆出造型。一碗拉面端到客人面前时，那已经不叫"拉面"，而叫"作品"。这样的匠人，是钱巍喜欢的，因为他们拥有高贵完美的个人品质，抱持的是对品质极致的追求。

　　稳定中追求极致完美就是钱巍的气质。用他员工的话评价："钱总是谨慎进取型的。"

　　在 Vsquare 公司的体制建设上也是如此，1999 年公司创立的时候，钱巍设置的工作流程用的就是最传统的方法，即按照服务的品牌分为不同的团队，团队分成三大区块，每个区块针对自己的工作内容填写工作单，随着工作内容在区块间的转移，工作单在不同的部门流转。

　　这种方法坚持了 10 多年。这 10 多年，世界从传统工业时代到互联网时代，再到数字化时代。因为全球企业的性质发生了改变，传统企业的运营边界在不断扩展，数字化平台不仅加快了传统企业运营边界的扩张，更为小型企业迅速成长提供了新路径，传媒从纸质到荧屏再到掌上移动设备。

　　Vsquare 公司也不得不改。

　　随着公司业务的发展，服务的品牌越来越多，工作的内容越来越复杂，公司员工也越来越多，用传统的工作方式带来的弊病明显影响了公司的发展。就从工作流转单来讲，它带来的问题有四：第一，工作单在流转的过程中不能避免有丢失的可能，一件工作的完成，短则几天，长则20多天，工作单流转一半，找不到了，还不知道责任在谁，什么时候丢的，只好重来。这就需要每个部门回忆做过什么？做到什么程度了？现在应该做什么？这就会很耽误时间。第二，因为是手工操作，偶尔会有写错的时候，这种低级错误，对后面的工作会造成影响。第三，这种操作方式不环保，造成大量的纸张和材料的浪费。第四，公司十几年来积累的流转单，存在仓库里，越积越多。接到新的工作，如果跟以前的某件工作有关系，要去查找，工作量非常大。公司发生过为了找以前的东西找了一个月也没找着的事，有人开玩笑说："稍微松了口气，流转单就再也找不回来了。"更重要的是，如果丢失重要资料，损失难以弥补。

针对这种现状，钱巍觉得已经到了不能不改的时候了，可是任何改变都是有阻力的。员工们已经熟悉了原来的工作方法，若要重新调整工作方式，最关键的是要做通大家的思想工作。经过多次开会统一认识之后，改革才能开始。

改革后的工作目标是全部工作流程进行无纸化电脑操作。首先编写软件，钱巍亲自带领团队，根据 Vsquare 公司的工作性质、特点、细节，以他们过往的经验为基础，自己设计完成。钱巍亲自参与这套软件的每个模块、每个细节的设计编排，经过无数次修改完善形成了一套独具特色也是这个世界独一无二的 Vsquare 办公软件。这套软件，主要是科学地规范了公司的工作流程。各部门按工作的先后次序把原来手写工作单的方法，改成输入电脑。任何参与这项工作的人都可以清晰地在电脑上看到这项工作流程，准确判断它进入的程序，现在在谁的手上？怎么处理的？有什么问题？所有相关人，任何时候都可以参与，都明确什么时候自己该做什么。

尽管 Vsquare 的员工以年轻人居多，但要学习新的工作方法，适应新的流程，而且让这个流程产生效率，基本上还是前后用了一年的时间。这让我想起著名的韩国三星集团前任总裁李健熙的改革。在 20 世纪末，三星公司发展遇到瓶颈，在李健熙眼里，三星集团病魔缠身：三星电子癌症晚期，三星重工营养不良，三星建设糖尿病症，综合化学先天畸形，三星物产是先天畸形又癌症晚期，只有三星生命相对经营良好，却有虚假合同。李健熙开始对拥有实权的秘书室进行改革，接着对上下班制度进行改革。他说："除了老婆孩子不能变，其他都要改变。" 李健熙的改革成效显著，三星集团盈利从 1987 年的 2688 亿韩元，上升到了1994 年的 1 万亿韩元。

虽然改革都要付出代价，但正确的改革总是会带来更大的机遇。钱巍的改革当然无法跟李健熙对三星的改革比，可它给公司带来的改变也是巨大的，第一，从那以后，员工们的工作减少了出错率，甚至把出错率降到了零。第二，提高了工作效率。第三，提高了工作的科学性，因为程序透明，过程清晰，监控及时，处理问题自然十分迅速。

基于匠人的工作方式，最初创立的团队工作方法还继续保留。这是 Vsquare 管理体系的精华所在——即以品牌为中心，根据工作量的大小，组成不同的团队，每个团队由一个师傅带领，三到四人组成。这个方法的优势显而易见，公司作为一个心脏，客户部、电脑部、制作部是身体主器官，团队则是器官的组成细胞，每个细胞的主通道连接着公司，但是又有自己的循环系统独立运作。他们有权利决定自己怎么生存，怎么竞争，怎么成功。团队目标清晰，协作性强，反应迅速，效率极高。这种做法还改变了上海中小型广告公司，号称"非常经济的工作模式"。

在中国，一般的中小型广告公司采用的是横向做法，就是从对接客户、输入电脑，设计、制作，一直到发给工厂作制出品，所有的工作由一个人全部做完。这样做看似节约了成本，可是钱巍觉得局限太多。它忽略了人的个性化发展，俗话说尺有所短寸有所长，就如同每个人长相不一样，能力也不一样。而且，如果一个人把一件工作从头负责到尾，那么人就成为最大的风险。哪怕一个人无比完美，他也无法承担 100% 的责任。人的风险其实是最不可控的。简单地说假如这人生病、辞职或者出了事故，接下去的工作怎么办？谁能迅速接手？

所以钱巍的做法是把工作分成不同的区块，每个区块以团队的形式存在，根据员工的特点，让他们负责不同的环节，善于交流的人就去客户部，电脑厉害的就到电脑部，协调能力强的就去制作部。采用这样的方法，提高了团队的协作精神，同时每个成员都把团队当成一个集体，自己是这个集体的一部分。

那些梦想，
无论一年还是一百年都是 ONLY ONE

作为老板，钱巍除了考虑如何把事情做对、做好，当然他更要考虑如何做长——公司如何实现可持续发展。

记得一本书上说，一个老板，如果没有远见卓识，就很难摆脱中国民营企业 3~5 年平均寿命的宿命。现在钱巍已经带领他的 Vsquare 走过 20 多年。20 年来，由一个 3 人公司发展到现在几十人的公司，工作体量已经是数千倍的增长，可以说如果钱巍没有远见，走不到今天。

他时常关注整个世界广告业的发展。他很欣喜地看到：早在人类出现以物换物的时代，广告就出现了。中国最原始的广告除了口头传播，还有"箫管备举"这样懂得用音乐招徕生意的卖糖食小贩，以及《清明上河图中》随处可见的悬挂式招牌广告，同时考古发现，不但在古埃及有在莎草纸上制作的广告，古印度甚至挖掘出带有商业宣传的壁画。

尔后，印刷术的出现促使广告业发展，8 世纪唐朝出现雕版印刷，12 世纪北宋发明活字印刷以来，人类开始有了单张、书籍式的宣传广告。17 世纪英国人开始在报纸里宣传书籍和医药，接下来美国费城出现了以报章广告代理为主的世界第一家广告公司。20 世纪，广告代理开始为广告内容负责，在美国本土涌出了 DDB、Ogilvy、Leo Burnett 等一系列由出色广告人创办的代理公司。跟随客户的发展脚步，广告行业开始出现跨国企业，并且通过不断兼并与收购，演变成下辖广告创意与制作、媒体、调查、公关、数字营销等不同领域提供专业服务的大型传播集团。

钱巍虽然目前没有成立大型传播集团的野心，但他对自己的行业有了信心，事实上这世上确实没有夕阳行业，只有夕阳的企业。何况对于他这种匠人似的做法，从日本百年企业数量居世界第一来看，他对公司的未来没有任何顾虑。

是的，技术的发展会导致一些行业和手艺消失，但广告作为服务行业，基于人的基本需求，一定是最晚消失的。

当然存在并不等于没有危机，中国广告市场从 1978 年重开，到今天经过了 40 余年的发展，总体来说广告公司依然处于小而散的状态。据统计，在有限的广告需求下，国内广告经营单位计 54 万余户，年增长率达到 22%，从业人员达到几百万人。所以，这使钱巍时刻攥紧质量和服务这两条红线，就怕稍一放松，会有凶猛动物蚕食分食。这些年不少广告公司对他虎视眈眈就是例子。

他的眼光更时刻关注每年雅诗兰黛和他服务的其他客户的财务数据，如 2018 年 6 月 30 日的财年报告有些字眼有了变化：雅

Vsquare 的员工在街上工作的场景

诗兰黛集团总裁兼首席执行官弗雷达表示，集团几乎所有品牌的销售额都在攀升，未来集团将加大对数字化营销的投入，以刺激销售额进一步增长。他还透露，上个季度集团在中国的化妆品业务和在线业务均增长了一倍，中国千禧一代消费者贡献的在线收入占集团在线业务的 25%。面对这样的大趋势，雅诗兰黛集团未来将通过天猫等不同渠道帮助旗下品牌进入并加速扩张中国市场。

此外，他还强调，目前雅诗兰黛集团的分销网络已经拓展到了中国的 117 个城市，但是旗下很多品牌的销售却依然局限于少数城市；另一方面，电商渠道也是雅诗兰黛发展的重点之一。他说："中国的线上市场正在呈爆炸式的增长。我们大部分的实体分销网络都位于人流量较大的一、二线城市，目前有六百多个城市并没有我们的奢侈美妆的实体分销渠道，但是那里的消费者们都在通过天猫等线上渠道购买我们品牌的商品。"

他继续说道："我们的很多品牌都还没有进入中国市场，而进入中国市场的品牌中也有很多还没有入驻天猫等电商平台。因此我们未来的一个重要任务，就是继续拓展线上和线下的分销网络，将更多的品牌带到更多的市场和渠道。"

在 2019 年 2 月，雅诗兰黛集团又发布消息说："雅诗兰黛 2019 财年第二季度业绩达到预期，且季度销售额首次突破 40 亿美元……尤其值得一提的是，亚太市场季度销售额首次超过 10 亿美元（约合人民币 67.4 亿元），同比增长高达 17%……尽管经济不稳定，但中国消费者对集团奢华美妆产品的需求依旧旺盛。"

摩根士丹利私募基金分析师 Dara Mohsenian 表示，雅诗兰黛在中国的市场份额持续增长，尤其是电商渠道，该渠道现在为集团贡献了 1/3 以上的中国市场销售额。

读这样的新闻，文字后面传递给钱巍和他员工的信息，给了他巨大的压力。因为他们看到雅诗兰黛销售额的增长方式，已经有巨大变化，越来越大比例向线上销售转移，电商销售从几年前的零到现在"为集团贡献 1/3 的中国市场份额"。

在中国，目前雅诗兰黛所有线上销售广告与钱巍的 Vsquare 无关。假如随着这一部分的营业额逐渐增大，那么雅诗兰黛公司会不会减少线下店面广告的投入，这是钱巍不得不考虑的一个问题。

同时，这些年随着智能手机的普及，也对传统广告有很大的冲击，而且还将持续影响传统市场。

当然，现实远没到让人绝望的时候。因为每当出现新的传播方式，总有人叫嚣或哀泣传统广告已死，比如电视发明时以为广播会消失，微信出现时认为微博不行了，事实证明，越来越多的传播形式，推动着广告行业的进化，整个行业或丰富壮大，或细分运作。不变的是，现代社会需要广告，因为广告给人们的生活带来惊喜，带来不凡，带来梦想，带来娱乐。广告中的世界与大多数平凡人的生活是不一样的，更何况城市已变成千篇一律的钢筋水泥。人们脚步匆匆，无暇顾及自己的兴趣爱好，如果没有广告，没有抬头的美丽、梦想的美好，我们的生活会失去多少乐趣啊！

所以钱巍相信，至少在可以预见的未来，像雅诗兰黛这样规模的公司，传统店面的营销方式仍然会存在很长时间，那么自己要做的就是在新材料跟传统广告如何结合这方面下功夫，并尝试如何介入电子销售的广告市场。

所以他常常到美国去，去参观最新的展览，参加最新的行业会议，他的眼光聚焦在新材料上，想摸索出一条路，找到适合自己的发展方式，已备在客户有新的需求时，自己早已做好准备，胸有成竹去面对。站在纽约街头，看着雅诗兰黛巨大的广告，他时常会思考：户外广告屏有了人脸识别和触控技术后，会对广告产生什么影响，会怎样被雅诗兰黛这样的企业利用。

同时，在公司内部，他加强数字化能力的培育，增加数字化部门的人力投入，强化新媒体技术实力。加大行业大数据的收集利用，利用大数据来研判消费者需求，进而有机会的时候，帮助客户真正提升广告投放效果，提高广告投资效率。

钱巍还是那个钱巍，时刻站在客户的角度思考，所以，他永远不会停留在焦虑和浮躁上。

除此之外，他也在考虑公司百年的发展，他从来没想过把Vsquare建成一个行业的NO.1，他希望它是一家小而精的NOLY 1。他也从没想过要把产业留给他儿子，因为一个单纯的家族企业是不可能拥有百年历史的。以现在的人均寿命来看，人要活过100岁也不是一件容易的事儿。所以他现在开始尝试做一些股权改革，就是拿出公司的一部分股份，对为公司的发展做出了长久贡献的骨干人物进行奖励。目前，公司已经有4个员工享受到钱巍赠送的股份。

他考虑慢慢拿出更多的股份给员工，让他们享受更多公司成长的成果。同时，也让他们能够最后成为公司的主人。他说："我的决定是最后我的股份不会超过50%。因为到了我可以交班的时候，我不应该继续控制这个公司，假如我的股份占到公司总股份51%的话，那么这个团队永远无法做出决策，因为我的权力大过他们，这是我不愿意看到的。"

对于现在的钱巍来说，就是扎扎实实地走好眼前的每一步，扎扎实实地像过去的20年一样，把公司的工作从量变到质变一点点推进，让更多的员工享受到公司这棵强壮的大树带来的红利，他相信公司的未来会越来越好。